Winfried Nolden

Von der Trauer zum Vertrauen

Winfried Nolden

Von der Trauer zum Vertrauen

Begegnung mit dem wahren Selbst

SILBERSCHNUR

ISBN 3-931 652-95-5

1. Auflage 2001

Covergestaltung: XPresentation, Boppard
Druck: Finidr, s.r.o. Český Těšín

Verlag »Die Silberschnur« GmbH · Steinstraße 1 · D-56593 Güllesheim

www.silberschnur.de
e-mail: info@silberschnur.de

Inhalt

Vorwort

Als ich im Dezember 1999 anfing, diesen Text niederzuschreiben, hatte ich keine Ahnung, dass daraus ein Buch werden würde. Ich war damals sehr geschockt wegen der Mitteilung, dass meine Frau Krebs im fortgeschrittenen Stadium habe (sie starb dann im Juli 2000). Etwa eine Woche, nachdem wir von der Krankheit unterrichtet worden waren, wurde mir bewusst, dass unser Leben sich ändern würde, dass *mein* Leben sich ändern würde. Ich suchte Rat, Hilfe und auch Trost dort, wo ich all dies schon oft erhalten hatte: in meinem Inneren.

Schon immer hatte ich in mir eine Instanz gespürt und gehört, die für mich da war, wenn ich sie brauchte. Ich konnte mich auf sie verlassen. Sie war gütig und weise, sie forderte nichts von mir, sondern sie baute mich auf, ermunterte mich und erklärte mir manches Mal die Ursachen meiner Probleme.

Der Kontakt zu dieser Instanz war bis dahin unregelmäßig gewesen, er kam nur bei Bedarf zustande. Und er war immer nur von kurzer Dauer, manchmal reichten einige Sekunden. Im Laufe des Jahres 2000 wurde er regelmäßig, wurde er zu einer täglichen Routine, aber immer auf eine Dauer von 5 bis 15 Minuten beschränkt, von wenigen Ausnahmen abgesehen.

In das vorliegende Buch ist viel von meiner Trauer eingeflossen. Verzweiflung und das Gefühl, ein einsamer Kämpfer zu sein, haben mich in der Zeit der Entstehung des Buches begleitet. Der Vorgang des

Schreibens hingegen war für mich ein Trost, er ersetzte mir Meditation und Gebet. Ich fühlte mich währenddessen meist still, sensibel und offen.

Man hat mich gefragt, ob dieser Text gechannelt sei. Ich glaube das nicht, bin hier aber nicht kompetent, da ich mich nicht mit dem Phänomen Channeling auseinander gesetzt habe. Immerhin hat meines Wissens kein fremdes Wesen durch mich gesprochen. Daher übernehme ich persönlich auch die Verantwortung für das, was ich geschrieben habe. Jedes Urteil über dieses Buch, sei es positiv, sei es negativ, trifft mich also persönlich, und das ist auch gut so; denn ich finde, man sollte immer selbst für sein Werk einstehen, wie man etwa für seine Kinder einsteht, auch wenn das nicht immer bequem ist.

Ich habe es nie als meine Aufgabe angesehen, anderen Menschen „selbstlos" zu helfen. Aus meiner Sicht ist Selbstlosigkeit allzu oft etwas Verlogenes: Der Helfer wertet sich selbst auf, während er anderen hilft. Er zweifelt die Fähigkeit des anderen an, sich selbst helfen zu können. Und oft wird Hilfe gewährt, wo es für den Hilfeempfänger besser wäre, die Angelegenheit in die eigene Hand zu nehmen. Schließlich ist Hilfe auch oft ein Stück Entmündigung.

Ich selbst hatte immer das Gefühl, dass es vor allem darauf ankommt, das zu tun, was mir selbst, was meiner Bestimmung entspricht. Da ich das auch offen aussprach, konnte es nicht ausbleiben, dass mir manche Menschen („Freunde"!) deswegen Schuldgefühle einflößten. Und ich habe das auch immer wieder angezogen, ein wenig ratlos und traurig ob meiner „Schlechtigkeit". Andererseits haben mir gegenüber Menschen aber auch zum Ausdruck gebracht, dass sie den Kontakt mit mir als Unterstützung und Bereicherung empfunden haben.

Es ist mir im Übrigen noch nie darum gegangen, Verhaltensregeln oder Ideale aufzustellen, an denen andere Menschen sich orientieren sollten. Jeder Mensch hat in sich das Potenzial, sich zu entfalten und zu heilen, ganz aus sich selbst heraus. Und jeder ist so individuell, dass sich keiner anmaßen sollte, dem anderen seine persönlichen Maßstäbe überstülpen zu wollen. Diese Einstellung ist, davon bin ich überzeugt, auch die Einstellung dessen, den ich hier Gott nenne. Sie ist in jedem Abschnitt des vorliegenden Buches wiederzufinden. Sie unterscheidet dieses Buch von den meisten religiösen, spirituellen und esoterischen Werken. Man sollte sie nicht fälschlicherweise mit Unverbindlichkeit verwechseln.

Zu guter Letzt möchte ich meine Dankbarkeit zum Ausdruck bringen. Jeder Mensch in meinem Umfeld hat auf seine Weise dazu beigetragen, dass dieses Buch fertiggestellt werden konnte. Namentlich erwähnen möchte ich hier nur die Personen, die seine Entstehung unmittelbar begleitet haben: Marfa Berger und Angelika Bardeleben, die jeweils Teile des Manuskripts gelesen und mir gegenüber kommentiert haben. Beide haben mich ermuntert und für mich Kontakte zu Verlagen hergestellt, beiden gilt mein tief empfundener Dank. Leider ist Angelika inzwischen verstorben, aber mein Dank wird sie erreichen, wo immer sie sich befinden mag.

Dasselbe gilt, selbstverständlich, für meine Frau Marianne Nolden, die mich viele Jahre meines Lebens begleitet hat. Sie war mir ein steter Quell an Inspiration und Ermutigung, bis sie im Juli 2000 verstarb, und sie ist es noch und wird es immer bleiben. Danke, Marianne! Und auch meine Kinder Oliver und Julia will ich nicht vergessen, die in dieser meiner (unserer!) Trauerphase, ohne es zu wissen, viel dazu beigetragen haben, dass ich nicht allzu sehr aus meinem inneren Gleichgewicht geraten bin.

Schließlich gilt mein Dank Ihnen, liebe Leserin, lieber Leser. Es ist nicht möglich, etwas für die Öffentlichkeit zu schreiben, wenn nicht irgendjemand das Bedürfnis hat nach genau diesen Worten, bewusst oder unbewusst. Sie haben dies alles aus mir hervorgelockt und sind daher an diesem Werk beteiligt. Auch Ihnen gilt mein Dank.

I.

MENSCH UND GOTT

Ich nenne Dich GOTT. Ich kommuniziere gern mit Dir im inneren Dialog und habe auch ab und zu etwas Persönliches für mich und andere aufgeschrieben. Aber wer bist Du wirklich? Wer seid Ihr? Nach meinem Verständnis ist Gott die letzte Wirklichkeit und bedarf eines Mediums, um in Raum und Zeit zu wirken: Heiliger Geist, Gottes Sohn, Engel, Geistführer, Erleuchtete usw. Mit wem spreche ich?

Du sprichst mit dir selbst. Und damit gleichzeitig auch mit allen von dir erwähnten Wesenheiten nebst einigen anderen. Und damit auch mit mir. Die Antwort ist, dass alles in dir liegt.

Du meinst, ich bin dies alles?

In gewisser Hinsicht ja. Noch provozierender ausgedrückt: Du erschaffst dies alles. Das ist jedoch kein Grund, dich für etwas Besonderes zu halten. Du unterscheidest dich in dieser Hinsicht nämlich nicht von anderen Menschen. Jeder Mensch erschafft alles. Es ist ein individueller, aber auch ein gemeinsamer Prozess. Noch etwas ist für dein Verständnis sehr wesentlich: Du bist „nur" ein Teil deiner Seele. Den größeren Teil hast du vergessen. In diesem Leben bist du auf der Suche nach ihm, um vollständig zu werden. Was immer du erschaffst, dient letztlich diesem Ziel.

Und auch dies kennzeichnet alle Menschen?

Selbstverständlich. Genauer: Alle, die noch nicht völlig im Einklang mit ihrem Unbewussten und dem Universum leben. Also fast alle. Auch diejenigen, die einen solchen Gedanken für absurd halten.

Verstehe ich dich richtig? Ich (und jeder andere Mensch auch) habe in mir Gott, den Heiligen Geist, den Sohn Gottes, die Engel, die Geistführer und andere „mythische" Wesenheiten, bzw. ich erschaffe sie, bzw. ich bin all dies „in gewisser Hinsicht"? Ist es das, was Du mir sagen willst? Heißt das, dass sie außerhalb meiner nicht existieren? Nur in meiner Phantasie?

Das hat nichts mit deiner Phantasie zu tun. Für dich existieren sie in der Tat nur als deine Schöpfung. Wir haben es hier gleich zu Beginn unseres Gesprächs mit einem sehr grundlegenden Problem zu tun. Viel zu philosophisch eigentlich. Aber gut. Aus einer höheren Sicht gibt es keine Trennng zwischen dir und allen anderen Wesen, und auch nicht zwischen dir und Gott! Die ganze Fülle des Lebens, vom Unmanifestierten bis zur „toten" Materie, ist eine Einheit.

Die konkreten Mechanismen, die das ermöglichen, könnt ihr nicht verstehen. Es ist für euch Menschen deshalb nicht sehr fruchtbar, über die Details nachzudenken, schon gar nicht wissenschaftlich. Nimm es also einfach als mögliches Denkmodell an. – Also angenommen, es wäre so. Dann ist jeder alles, und in jedem ist alles, und jeder erschafft alles.

Wenn ich dieses Modell annehme, mich selbst also mit der Ganzheit des Lebens gleichsetze, wer schützt dann meine Umwelt vor mir? Dann vereinnahme ich ja die ganze Welt für mich! Ich lebe dann doch im ständigen Übergriff auf meine Umgebung, zumindest im geistigen Übergriff. Was hindert mich dann daran, Gott in den Dienst meines Egos zu stellen? Und ist nicht der gerade entstehende Dialog eben das?

Dass ich Dich benutze, um meinen Status in der Gesellschaft zu erhöhen, und Dich dadurch entweihe?

Die Frage ist berechtigt. Die Antwort lautet: Im Prinzip kann man alles entweihen, was man missbraucht, um das eigene Ego in den Vordergrund zu stellen. Diesem Missbrauch kann sich nur entziehen, was unabhängig ist von Zeit und Raum: Gott oder das Göttliche. Da die Wahrnehmung Gottes bzw. des Göttlichen für euch Menschen im Regelfall aber an raum-zeitliche Bilder geknüpft ist, können Gott und das Göttliche durch den Missbrauch der damit verbundenen Symbole für euch Menschen entweiht werden. *Für euch Menschen.* Gott an sich kann nicht entweiht werden, und übrigens auch nicht eure unsterbliche Seele, die letztlich göttlichen Ursprungs ist.

Es ist in der Tat ein Problem, dass in eurer Gesellschaft alles entweiht werden kann und beinahe alles auch entweiht wird. Du brauchst dich nur selbst einmal genau zu betrachten: Was in deinem Leben tust du in erster Linie mit dem Ziel, deinen gesellschaftlichen Status zu verbessern? Das ist, wenn du ehrlich bist, bei vielen Dingen der Fall. Dazu gehört meistens auch das so genannte „selbstlose Handeln", ebenso wie psychologische oder esoterische Ratschläge an andere. Praktisch alles, was mit der Beurteilung anderer zu tun hat, dient vorrangig dem Ziel, sich selbst als Person in den Vordergrund zu stellen, sich vor sich selbst und den anderen Menschen, ja sogar vor Gott aufzublasen, um größer zu erscheinen, als man tatsächlich ist. „Schaut her, was für ein wertvoller Mensch ich bin!"

Der tatsächliche Effekt hingegen ist, dass ihr immer, wenn ihr so handelt, euch selbst und eure Umgebung entweiht. Ein Großteil von alledem, was in eurer Gesellschaft unter dem Begriff Esoterik firmiert, dient der Beurteilung der Umwelt und der Selbsterhöhung. Ich erwähne das, weil man dieses gerade entstehende Buch in der Buchhandlung sicher als esoterisches Buch anbieten wird.

Und wie steht es wirklich mit diesem Buch?

Dieses Buch ist ein Ausfluss deiner innersten Natur, die göttlich ist; gefiltert durch deine Persönlichkeit, die für sich die Aufgabe gewählt hat, wahrhaftig das Göttliche in dieser Welt sichtbar zu machen und das Wahre und das Nicht-Wahre zu benennen. Soweit es das ist und tut, ist es nichts anderes als das.

Wenn dieses Buch zum Erfolg führt, ist es gut, solange du nicht versuchst, dich selbst zu erhöhen. Es geht nicht um deine Person, sondern um das, was du erschaffst. „An den Früchten sollt ihr sie erkennen." Wenn du dich selbst in den Vordergrund stellst, mag alles, was wir hier schreiben, richtig sein, es ist dann aber nicht *wahr*! Wenn etwas richtig ist, ist es deswegen noch lange nicht wahr. Wahrheit hat etwas mit deiner Absicht oder, genauer gesagt, mit deiner Absichtslosigkeit zu tun. Geht es dir bei dem, was du tust, um dich selbst, oder geht es dir um das, was dabei herauskommt?

Es liegt an dir, es ist deine Wahl, welchen Weg du gehst.

Wie du sicher weißt, werde ich ja oft von Existenzängsten geplagt. Manchmal befürchte ich, dass ich mich mithilfe dieses Buches nur absichern und Erfolg und Anerkennung haben will. Der Versuch, dieses Gespräch als Buch an die Öffentlichkeit zu bringen, ist also nicht per se ein Indiz dafür, dass dies wirklich so ist?

Warum sollten wir uns bemühen, die Wahrheit zu erkennen, wenn wir sie am Ende doch für uns behalten wollen?

Du hast mit deinen Einsichten oft hinter den Berg gehalten, weil du Angst hattest, dass dich nicht jeder versteht und liebt, wenn er sie hört. Viele deiner persönlichen Probleme beruhen nur darauf, dass du an der Authentizität deiner eigenen Erfahrung gezweifelt hast und noch zweifelst. Das kann so nicht weitergehen, denn du selbst hast vor deiner Geburt gewählt, dich, ohne auf den persönlichen Erfolg zu achten, für die Wahrheit einzusetzen, indem du sie publik machst. Dein ganzes bisheriges Leben hat, teils bewusst, teils unbewusst, diesem Ziel gedient und wird ihm weiterhin dienen. Du hast dir (*ich* habe dir) alle

Anlagen gegeben, die dies ermöglichen. Jede andere Tätigkeit, und sei sie noch so gut, ist nicht deine Aufgabe. Du wirst dich schlecht fühlen und sie aufgeben, oder, schlimmer noch, du wirst dein Schicksal unbewusst herausfordern, sodass es dich irgendwann daran hindert, diese unpassende Tätigkeit weiter durchzuführen.

Natürlich zwingt diese deine selbstgewählte Aufgabe dich dazu, Wahrheiten publik zu machen, die nicht jeder als solche anerkennen wird. Manches will man schließlich gar nicht wissen. Und selbst diejenigen, die deine Wahrheit annehmen, entweihen sie womöglich, indem sie sie bloß konsumieren. Oder sie benutzen sie für ihre Zwecke. Aber das ist ein Risiko, das wir eingehen müssen. Jesus oder Buddha ist es nicht anders ergangen.

Mir ist unbehaglich, wenn du mich so mit Jesus und Buddha vergleichst.

Dein Unbehagen ist aus menschlicher Sicht verständlich (obwohl du im Innersten auch geschmeichelt bist). Selbstverständlich will ich nicht sagen, dass du mit diesen berühmten spirituellen Meistern zu vergleichen seist. Prinzipiell ist nämlich niemand mit anderen Menschen zu vergleichen. Aber du sollst wissen, dass der Unterschied nicht so groß ist! Jeder Mensch hat das *Potenzial zur Vollkommenheit*. In jedem Wesen steckt alles, was es braucht, um vollkommen zu sein. Du weißt, dass der Mensch alles, was ihm begegnet, braucht, um vollkommen zu werden. Bei euch Menschen sind dazu nämlich äußere Einflüsse nötig wie zum Beispiel die Lebewesen, die euch begegnen, eure Umwelt insgesamt, und nicht zuletzt: das, was ihr Schicksal nennt!

Wenn du also dich und die Welt annimmst mit all ihren „Fehlern“ und „Unzulänglichkeiten“, dich gegen das Schicksal nicht wehrst, nicht versuchst, den Ereignissen deine eigenen Vorstellungen überzustülpen und sie für dich zu vereinnahmen – dann bist du vollkommen. Mit Fehlern behaftet, sicherlich! Nicht zwangsläufig ein geistiger Gigant! Nicht unbedingt ein „leuchtendes Vorbild“, nach außen hin! Aber auf einer

Stufe mit den wahren Erleuchteten, den Heiligen und den Kindern Gottes.

Dafür ist es nämlich absolut nicht nötig, das große Wort zu führen. Niemand muss dich auf der Straße erkennen. Und im Übrigen waren viele, die man als heilig bezeichnet, nichts weniger als das. Doch darauf kommen wir noch zurück.

Zu *deinen* persönlichen Fähigkeiten und Aufgaben (das ist dasselbe!) gehört es aber, Wahrheiten ins Bewusstsein anderer Menschen zu bringen. Du hast schon erlebt, dass dies schwierig für dein Ego war. Menschen haben sich von dir abgewandt, weil sie sich durch dich nicht bestätigt fühlten. Weil du ihre Vorstellungen infrage gestellt hast, selbst wenn du das nicht verbal getan hast und auch gar nicht wolltest. Du selbst bist, ob du es willst oder nicht, eine wandelnde Infragestellung von Normen und Regeln. Menschen reagieren in dieser Hinsicht oft auf dich, ohne zu wissen, warum.

Wenn das also sowieso geschieht, auch ohne dass du es willst, dann kannst du es ruhig auch bewusst zum Ausdruck bringen! Dieses Buch wird dir Kritik einbringen, die übrigens umso heftiger ausfallen wird, je weniger am Inhalt auszusetzen ist. Es dient also sicher nicht zur Bestätigung deines Egos. Im Gegenteil, es wird dich infrage stellen. Es trägt die Möglichkeit in sich, dass man dich lächerlich macht, angreift oder bestenfalls ignoriert. Damit musst du leben. Das ist ein Kennzeichen von wahrem Leben, dieses Risiko! Aber du hast die Wahl, wie du damit umgehst. Wenn du bereit bist, die damit verbundene Angst zu ertragen, dann schreibe weiter. Es lohnt sich!

Deine Antworten werfen viele neue Fragen auf. Aber zuerst noch eine persönliche Frage. Ich bin, wie wahrscheinlich jeder andere auch, in meinem Denken stark von dem beeinflusst, was ich gehört und gelesen habe. Sicher auch von Lehrern aus den unterschiedlichsten Bereichen meines Lebens. Woher weiß ich, dass ich nicht ihre Gedanken hier reproduziere? Ich könnte mir vorstellen, zum Beispiel, dass viele Ideen von Wolfgang Döbereiner hier einfließen werden. Wenn ich alles möglichst ungefiltert durch mich fließen lasse, wie kann ich das ausschließen?

Du bist Winfried Nolden, nicht Wolfgang Döbereiner. Manche Einsichten von ihm, die dich ansprechen, hast du, wie du weißt, schon empfunden, als du von ihm noch nie etwas gehört hattest. Allerdings hast du sie sicher nicht so scharf durchdacht wie er. Du bist nämlich kein scharfer Denker. Deine Erkenntnisse stammen letztlich aus deinem Empfinden. Döbereiner formuliert manches, was du schon vorher (vielleicht früher als er) empfunden hast. Aber er ist nicht die einzige Quelle deiner Inspiration. Und du bist ja auch nicht mit allem einverstanden, was er sagt. Also sei getrost, fang an, mach weiter, und wir werden sehen, wohin uns dieser Dialog führt.

II.

Krankheit und Heilung

Krankheit

Du machst mir Mut, und ich hoffe, das bleibt so. Wie wäre es, wenn wir mit dem Thema „Krankheit und Heilung" beginnen? Bist du bereit, mir etwas über Krankheit zu sagen?

Die einfachste Definition von Krankheit ist Mangel an Leben.

Wie meinst du das? Würdest du Leben genauer definieren?

Leben und Überleben ist nicht dasselbe. Die meisten Menschen verstehen unter Leben einfach den Umstand, dass sie noch nicht gestorben sind. Ein Mensch kann jedoch sehr wohl existieren, aber nicht leben. Nun, *nicht leben* ist übertrieben. Stellt euch eine Skala vor: 0% bis 100% Leben. Jeder befindet sich irgendwo auf dieser Skala.

Doch was ist nun Leben? Leben ist schöpfen und erleben. Jeder Mensch ist ein Schöpfer. Er ist seiner Welt nicht ausgeliefert, sondern er gestaltet sie selbst. Das tut er nicht nur durch sein konkretes Handeln, sondern auch durch die Vorstellungen und Ideen, die er bezüglich der Umwelt hat. Diese und sein gesamtes Weltbild haben eine mehr oder weniger starke schöpferische Kraft.

Darüber hinaus ist jeder Mensch über sein Unterbewusstsein mit mir verbunden. Die Seele des Menschen ist unsterblich und umfasst mehr als nur den Körper und den Geist. Die Zusammenhänge könnt ihr nicht abschließend begreifen, und dies ist für eure Zwecke auch nicht notwendig. Man könnte sagen, die Seele ist ein Teil Gottes, und weil Gott letztlich ungeteilt und unteilbar ist, ist die Seele Gott. Deine Seele ist Gott, und jede Seele ist Gott. Man könnte also auch sagen, dass dieser Dialog ein Gespräch mit deiner Seele ist!

Gott hat sich, um sich selbst erfahren zu können, in viele Seelen geteilt, ohne sein Ungeteiltsein damit aufzugeben. Aus dem unendlichen Urmeer Gottes, aus dem Absoluten, aus dem Unmanifesten, aus der „Ursuppe", wie du einmal gesagt hast, entstand und entsteht jederzeit die Schöpfung. Wer ist der Schöpfer? Ich bin der Schöpfer, und du bist der Schöpfer, und alles, was lebt, ist der Schöpfer.

Und hier sind wir bei einer Definition von Leben: Leben heißt Schöpfen. Ich habe euch nach meinem Ebenbild geschaffen. Und meine entscheidende Qualität diesseits des Unmanifesten, Absoluten, Unbewegten ist die Schöpferkraft. Ohne sie gäbe es kein Leben, und daher ist sie das primäre Kennzeichen von Leben. Das Ausmaß dieser Schöpferkraft ist der Gradmesser der Intensität seines Lebens: 0%, 100%, 20%, 50%? Die Seele erwartet von uns 100% Leben. Und jeder Mensch entscheidet selbst, in welchem Maße er sein Leben nach den Wünschen seiner Seele ausrichtet. Kranksein heißt, du hast dich für weniger als 100% entschieden.

Ist Krankheit also eine Strafe? Soll sie uns auf den richtigen Weg zurückführen? Und was ist dazu zu sagen, dass Menschen an Krankheiten sterben?

Eine Strafe – vergleichbar mit den Strafen, die ihr euren Kindern auferlegt, wenn sie unartig waren – ist im Universum nicht vorgesehen. Im Gegenteil: Krankheit ist, wie alles, ein Ergebnis der Wünsche der betreffenden Person. Man erschafft seine Krankheiten selbst. Und auch seinen Tod, der im Übrigen ja gar nichts Schreckliches ist. Insofern *soll* die Krankheit gar nichts bewirken. Sie ist nicht von außen geschickt.

Die Seele arrangiert ihre Welt so, dass gewisse Dinge geschehen und andere nicht. Dass du gewisse Dinge erlebst und andere nicht. Also ist selbst eine Verletzung durch einen Unfall kein Zufall, schon gar nicht „unverdient". Die Seele hat dies alles geschaffen, um sich selbst als schöpferisch erfahren zu können.

Willst du damit sagen, dass wir entweder selbst bewusst schöpferisch sind oder den Schöpfungen der Seele ausgeliefert? Ist Letzteres Schicksal?

Zunächst einmal ist deine Seele nichts von dir Abgetrenntes! Die Seele ist umfassender als du. Stell es dir so vor: Die Seele entscheidet sich dazu, sich selbst zu erfahren. Dazu ist es notwendig, aus dem unbestimmbaren Absoluten in die Welt der Relativität, in Zeit und Raum, zu gehen. Natürlich kann sie sich nicht in der Totalität ihrer potenziellen Eigenschaften in einer Inkarnation erfahren. Daher entscheidet sie sich für ein bestimmtes Programm, das sie sich erschafft. Die geistigen Voraussetzungen gibt sie der Inkarnation mit – das, was man zum Beispiel im Horoskop sehen kann. Nun liegt es am Menschen, was er aus diesen Voraussetzungen macht.

Die Verbindung zwischen dem Menschen und der Seele kann nicht abreißen; sie ist aber zu Beginn nicht bewusst. Wenn der Mensch sensitiv ist – und das ist der Mensch von Natur aus –, stellt er an vielen kleinen Zeichen, die in seiner Welt erscheinen, fest, dass er mehr ist als nur eine sich ernährende und sich vervielfältigende Kreatur. Er beginnt sich allmählich daran zu erinnern, dass er eine Seele hat und dass er die Seele ist. Er erinnert sich am leichtesten, wenn er sein Urpotenzial anwendet: seine Schöpferkraft. Darüber wird noch zu reden sein.

Wenn dem Menschen bewusst wird, dass er schöpferisch ist, dann kann er Meister seines Geschicks werden. Dies bedeutet zweierlei: Zum einen kann er selbstständig entscheiden, was er zu schaffen und damit zu erleben und zu erfahren gedenkt. Zum anderen wird er fähig wahrzunehmen, dass alles, was ihm widerfährt, seine eigene Schöpfung ist, die er annehmen kann (und muss), wie man seine eigenen Kinder annimmt. Auch über das Annehmen von Schicksal wird noch zu sprechen sein.

Aber um auf deine Frage zurückzukommen: Wenn wir uns daran erinnern, wer wir wirklich sind, sind wir absolut frei zu erschaffen, was wir sein oder was wir erfahren wollen. Wir sind wirklich Gott und als solcher außerhalb von Raum und Zeit, und wir können dann ins große Urmeer, von den Buddhisten „Nirwana" genannt, zurückkehren. Oder wir bleiben hier und agieren und reagieren wie „normale" Menschen.

Menschen, bei denen diese Erinnerung noch nicht vollständig ist, wie bei dir und den meisten Menschen, können im Rahmen ihrer Möglichkeiten natürlich auch schon schöpferisch sein. In diesem Sinne könnt ihr auch schon wirklich leben. In welchem Maß, das hängt davon ab, wie weitgehend ihr euch auf Grund eurer Ängste getrieben fühlt, euch Normen und Regeln zu unterwerfen, anderen Menschen zu dienen oder Vorstellungen und Ideologien nachzuleben.

Schöpferisch sein heißt, die eigene innere Quelle zum Ausgangspunkt der eigenen Handlungen zu machen, nicht äußere Anreize. Sich nicht einfangen zu lassen von der Suggestion von „Vorbildern", die, ganz gleich welcher Art sie sind (persönlich, religiös, weltanschaulich, politisch ...), eben nur Bilder sind, die von außen auf uns einwirken und sich vor unser Inneres drängen (daher Vor-Bilder).

Die einzige wirkliche Verbindung zu unserer Seele liegt in unserem Empfinden. *Nicht* in unserem Geist! Unsere Gedankenwelt hat natürlich auch mit unserer Seele zu tun. Ohne sie wären wir keine Menschen! Sie entscheidet darüber, ob wir nur unseren Trieben ausgeliefert vor uns hinleben, oder ob wir als Menschen unser Leben selbst bestimmen. Aber trotzdem – wenn unser Geist nicht mit unserem Empfinden übereinstimmt, dann führt er uns in die Irre – weg von unserer Seele. Dann fallen wir in Fremdbestimmtheit. *Hier* lauert „der Teufel", nicht in unseren Trieben! Und hier lauert die Verhinderung, geboren aus der Angst, die uns davon abhält, schöpferisch zu sein.

Ein Mensch, der nicht 100% schöpferisch ist, lebt zu einem Teil aus fremden Quellen. Diese stören das komplizierte labile innere Gleichgewicht und erschaffen Krankheit.

Also ist Krankheit doch eine Strafe dafür, dass wir noch nicht weit genug sind, um unseren wirklichen Status zu erkennen, nämlich eine unsterbliche Seele zu sein? Oder dafür, dass wir nicht den Mut haben, uns außerhalb fremder Einflüsse, Normen usw. zu stellen?

Eine Strafe setzt ein Vergehen voraus und jemanden, der bestraft. Und jemanden, der richtet! *Ich* urteile nicht und verurteile schon gar nicht! Und bestrafe also niemanden, ganz gleich, was er tut. Warum sollte ich dies alles auch tun, nachdem ich euch den freien Willen gewähre? Um Licht erfahren zu können, braucht es die Erfahrung von Dunkelheit. Um nach oben zu gelangen, muss man durch die Tiefe gehen. Und umgekehrt.

Im Bereich von Raum und Zeit sind wir in der Dualität. Die Einheit ist außerhalb von Zeit und Raum, in eurer Realität kann sie deshalb nicht konkret erfahren werden. Sie ist nur als Bild, als Vorstellung und daher nur geistig fassbar. Jeder Versuch, sie – am Ende gar per verbindlicher Verordnungen – in der Realität zu schaffen, widerspricht der Natur eures Lebens und ist deshalb zum Scheitern verurteilt.

Doch zurück zu Krankheit als Strafe: Nein, Krankheit ist *keine* Strafe. Sie gehört zur Dualität. Ohne Erfahrung von Krankheit gibt es kein Bewusstsein von Gesundheit.

Auf irgendeiner Ebene der Dualität werden wir immer mit dem Umstand konfrontiert, dass wirkliche Einheit in der Realität nicht möglich ist. Diese Erfahrung ist umso schmerzlicher, je mehr wir uns an unseren wirklichen Status erinnern.

Du siehst, nebenbei gesagt, dass ich hier begrifflich zwischen Realität und Wirklichkeit unterscheide. Deine Realität ist deine Erscheinungsform in Raum und Zeit, und deine Wirklichkeit ist dein Sein in der Unendlichkeit und Unbegrenztheit, das dich durchdringt und durch dich wirkt.

In der Realität gibt es viele Möglichkeiten, Schmerz zu erfahren: körperlich als Verletzung oder Krankheit. Oder auch geistig-seelisch: als Angst jeder Art, als Schuldgefühl, als Neid und Eifersucht, als Trennungsschmerz, als Schmerz unerfüllter Liebe usw. Diese Schmerzen erscheinen euch in der Realität als schrecklich, weil ihr euch ihnen bzw. den auslösenden Faktoren aus der Umgebung ausgeliefert fühlt. Das ist eure konkrete Erfahrung, und das ist gut so!

Eure Seele wünscht sich diese Erfahrung, um die positiven Seiten des Lebens umso klarer erfahren zu können. Genau genommen liegt allein darin schon der Sinn von Krankheit: um Gesundheit besser wertschätzen zu können. Dies ist natürlich besonders wichtig für euch, wenn ihr der Dualität noch sehr verhaftet seid. Je mehr ihr also versucht, euch eure Selbstbestätigung in der Realität zu holen, desto gefährdeter seid ihr. Denn Bestätigung in der Realität beinhaltet immer eine Unterwerfung unter das Urteil anderer.

Ihr gebt damit eure Eigenbestimmung auf und verhindert, dass ihr euch an euer unsterbliches Selbst erinnert. Oder ihr erschwert es zumindest. Aber natürlich zwingt euch auch niemand dazu, euch daran zu erinnern. Es gibt keinen vorgeschriebenen Weg und keinen Grund zur Eile. Es gibt dann aber auch keinen Grund zur Beschwerde über das „böse" Schicksal.

Das hört sich so an, als sei Krankheit ein notwendiger Bestandteil des Lebens. Was ist dann mit unheilbaren Krankheiten, an denen wir sterben? Was ist mit Krankheiten, die uns dauerhaft behindern und verhindern, wie z.B. Lähmungen? Müssen wir sie als von unserer Seele gewollt akzeptieren? Dürfen wir dagegen angehen? Können wir dagegen etwas tun?

Ich will noch einmal betonen, dass es keinen Unterschied zwischen euch und euren Seelen gibt. Ihr seid ein Teil eurer Seele. Wenn ihr dies vollständig annehmen könnt, wenn dies in eurem Bewusstsein verankert ist, dann stimmt euer Wollen automatisch mit den Wünschen eurer Seele überein. Man nennt dies „Erleuchtung“ oder manchmal auch „kosmisches Bewusstsein“ oder „Einheitsbewusstsein“.

Deine Frage hat zwei Teile: Einmal, was es mit besonders gefürchteten Krankheiten auf sich hat, und dann, ob man etwas dagegen tun kann und was?

Beginnen wir mit dem ersten Teil der Frage: Ja, Krankheiten sind ein Teil eures Lebens, weil sie euch erst die Freuden des Gesundseins würdigen lassen. Sie sind notwendig, um euch ins Bewusstsein zu bringen, dass noch mehr Leben möglich ist. Im Normalfall ist eine begrenzte Krankheitserfahrung ausreichend, um diesen Zweck zu erfüllen. Übrigens erinnert sie euch auch daran, dass der Körper nicht das Maß aller Dinge ist. Der Körper verlangt Aufmerksamkeit und Pflege, und ein Mangel daran kann Krankheit hervorrufen.

Normalerweise ist aber der Umstand, dass ihr den Bedürfnissen des Körpers Priorität über die Bedürfnisse der Seele einräumt, für das Auftreten von Krankheiten verantwortlich. Der Körper braucht eine gewisse Zuwendung, er braucht Kleidung und Schutz, Nahrung und ein gewisses Maß an Sexualität. Das ist es aber auch schon. Darüber hinaus ist eigentlich nichts erforderlich, Sicherheit schon gar nicht. Hier ist meist der Knackpunkt: das Streben nach Sicherheit. Und, damit verknüpft, das Streben nach Anerkennung, die euch scheinbar Sicherheit garantiert.

Ihr habt eure Gesellschaft daraufhin angelegt, den Körper im Überfluss mit Nahrung, Schutz und Sicherheit zu versehen. Diesen Zielen soll sich das Leben unterordnen. Das Empfinden wird der Befriedigung des Sicherheitsbedürfnisses, das primär dem Körper dient, untergeordnet. Die daraus entstehende seelische Entfremdung schafft Krankheiten, und gerade die „heimtückischsten“ Krankheiten in eurem Leben resultieren aus dieser Diskrepanz zwischen dem Bedürfnis, aus dem Inneren heraus, das Leben zu gestalten, und dem Bedürfnis, euch in den sozialen Systemen zu unterwerfen und anzupassen.

Aber auch diese Erfahrung von Krankheit ist für die Seele ein Teil des Spiels. Ihr könnt es mitspielen, seid aber nicht dazu verpflichtet. Über allem steht euer freier Wille. Freilich zieht es euch zu bestimmten Erfahrungen, und Krankheiten erzwingen manche Erfahrungen, denen ihr sonst ausweicht. Aber sie sind auch ohne Krankheit möglich. Krankheit ist also grundsätzlich nichts Schlechtes, auch wenn ihr sie subjektiv so betrachtet. Sie ist aber nicht zwingend notwendig.

Du meinst, wir sollen diese Krankheiten und die damit verbundene Verhinderung oder den Tod annehmen, ohne uns dagegen zu wehren?

Nein, das meine ich so nicht. Zunächst einmal *sollt* ihr gar nichts! Ihr habt den freien Willen, euch zu entscheiden, wie ihr wollt. Ich zeige nur auf, was die natürliche Folge ist, wenn ihr euch so oder so entscheidet. Die Entscheidung liegt dann bei euch.

Ihr könnt allerdings sowieso nicht anders, als euch im Rahmen eures Bewusstseins für das zu entscheiden, was euch die größte Befriedigung verspricht. Aber dabei könnt ihr natürlich Täuschungen zum Opfer fallen – die meistens auch notwendig sind, um euch die Augen zu öffnen. Du siehst, es gibt keine Entscheidung, die letztlich völlig falsch ist. Doch zurück zu deiner Frage: Ja, es ist sinnvoll, eine Krankheit anzunehmen, wie es überhaupt sinnvoll ist, das Leben anzunehmen. Alles, was geschieht, hat Bedeutung für uns und erleichtert es uns, unsere Bestimmung anzunehmen. Warum begrüßt ihr eure Krankheiten nicht als Boten Gottes, wie ihr Engel begrüßen würdet? (Würdet ihr Engel begrüßen oder bekämpfen? Darüber könnten wir auch später noch sprechen!) Bittet sie herein wie einen Gast, und fragt sie nach ihren Wünschen! Das lässt sie leichter ertragen.

Und wie ich schon sagte, normalerweise reicht es aus, die Erfahrung des Krankseins kurzzeitig zu machen. Das heißt aber auch: die *Erfahrung* machen. Und dies setzt ein intensives *Erleben* voraus, *nicht* ein Bekämpfen oder Betäuben.

Der Umgang eurer Schulmedizin wie auch der alternativen Medizin mit der Krankheit beinhaltet, dass ihr Krankheiten als Defekt betrachtet, den es zu reparieren gilt. Diese Sicht an sich ist eine Betäubung des Erlebens und eine Verhinderung der Erfahrung! Ganz gleich, ob du operiert wirst, ein allopathisches Medikament erhältst oder naturheilkundlich behandelt wirst: Tust du das und tut dein Arzt oder Heilpraktiker das, ohne die oben erwähnten Aspekte zu berücksichtigen, verdrängst du Schicksal, indem du dir die Erfahrung verweigerst, die zu diesem Zeitpunkt in dein Leben aufsteigen will.

Angst

Heißt das, dass Heilung nichts mit dem Heilverfahren zu tun hat, sondern mit der Einstellung des Kranken zu sich und zu seiner Krankheit?

Ja, das ist prinzipiell richtig. Du musst dir aber natürlich darüber im Klaren sein, dass eine Krankheit eben nicht ohne Grund kommt. Irgendetwas an deiner inneren Haltung ist eben nicht im Einklang mit deiner Natur, sonst wirst du nicht krank. Verstehst du, dass es deshalb bessere und schlechtere Heilverfahren gibt? Besser heißt hier effektiver. Effektiver insofern, als sie das Empfinden, den Geist und den Körper gleichzeitig ansprechen, Erfahrungen erlauben, ja sogar provozieren, und damit auf allen Ebenen wirken und den Menschen für seine innere Göttlichkeit öffnen. Effektiv heilen heißt nicht, im schulmedizinischen Sinne Symptome zum Verschwinden zu bringen und körperliche Krankheitsherde ruhig zu stellen oder zu beseitigen. Obwohl dies manchmal notwendig sein kann. Nein, es geht nicht um den Körper allein, sondern es geht um den Menschen und seine Seele.

Ich habe schon gesagt, dass Krankheiten entstehen, wenn der Mensch nicht bereit ist, seiner Seele (dem göttlichen Anteil) zu folgen. Wenn er nicht bereit ist, zu leben. Die Unmittelbarkeit des eigenen Erlebens garantiert die Erfahrung, die die Seele braucht, um sich selbst zu erkennen. Dieser Weg zur Erfahrung des eigenen Selbst wird verbaut durch einen Faktor, den man pauschal so benennen kann: Angst!

Man könnte so weit gehen zu sagen, dass es der Sinn des Menschseins ist, Angst zu erleben. Denn in den Regionen, wo die Seele zu Hause ist, gibt es keine Angst. Die Seele ist fähig, jede Erfahrung zu erschaffen, die sie wünscht. Es gibt demnach nichts, wovor sie sich ängstigen müsste. Die Seele weiß, dass alles, was ihr begegnet, von ihr selbst geschaffen wurde. Und sie weiß, dass sie jederzeit Neues erschaffen kann. Daher besteht für sie kein Anlass, je Angst zu haben. Was sie empfindet, ist Liebe. Sie ist ja nur von ihren eigenen Schöpfungen umgeben. Aber genau das ist ein „Problem". Wenn ich nur von Liebe erfüllt bin, wie kann ich dann Liebe erfahren? Wenn ich nur von Licht umgeben bin, wie kann ich dann Licht erfahren?

Indem ich in die Dunkelheit gehe. Das habe ich, glaube ich, verstanden. Du meinst also, dass die Seele, um Liebe erfahren zu können, Angst erschafft?

Angst kann man nicht erschaffen und braucht es auch nicht. Angst ist Abwesenheit von Liebe. Und Liebe ist natürlich, wenn ich erkenne, dass zwischen mir und meiner Umgebung keine Trennung existiert. Wenn ich weiß, dass ich mit allem eins bin. Das ist das Einheitsbewusstsein. Und dieses Einheitsbewusstsein ist in der Dimension jenseits von Zeit und Raum natürlich. Dort ist es selbstverständlich. Und dort gibt es keine Angst, kann es keine Angst geben! Wer hat Angst vor seiner Leber oder vor seiner Thymusdrüse? Vielleicht sagst du, dass es bei euch auch dieses gibt. Und das zeigt, wie perfekt der Schöpfungsplan funktioniert.

Du meinst, du hast uns so vollständig aus der Einheit geworfen, dass wir uns nicht einmal mehr eins fühlen mit unserem eigenen Körper?

Vollständig aus der Einheit geworfen: ja! Nur teilweise würde nicht funktionieren. Der Mensch erlebt sich als vollständig getrennt von allem, was ihn umgibt, sogar von Gott. Und selbst die am Anfang erlebte Einheit mit der Mutter trägt dazu bei, sich als abgetrennt zu erleben, nämlich im Rahmen des – häufig als schmerzhaft empfundenen – Abnabelungsprozesses, der mit der körperlichen Abnabelung ja erst beginnt.

Aber zurück zu Liebe und Angst: Angst entsteht durch Abwesenheit von Liebe, also durch das Erleben (und Erleiden) der eigenen Abgetrenntheit von der Welt. Dies erlebt jeder Mensch ganz normal, und dieses Erleben wird durch die Umwelt bestätigt, die sagt: Jawohl, du bist ein Individuum. So weit hat die Umwelt Recht!

Aber dann sagt sie noch weiter: Es geht aber nicht an, dass du deine Individualität frei ausagierst. Wir geben dir die Regeln vor, an die du dich zu halten hast. Dafür geben wir dir die Illusion, dass du dazugehörst und nicht mehr so viel Angst haben musst, weil das Kollektiv dich schützt. Und hier beginnen die Probleme, die eure Zivilisation an den Rand der Vernichtung geführt haben. Aber das ist ein weiterführendes Problem, auf das wir später kommen werden.

Willst du damit sagen, dass unsere Gesellschaft uns krank macht?

Niemand kann andere für sein Schicksal verantwortlich machen. Als Teil der Gesellschaft schaffen wir die Gesellschaft, in der wir leben, mit. Wir Menschen sind also für die Gesellschaft verantwortlich, nicht umgekehrt! Wir haben eine Gesellschaft erschaffen, die Ängste verdrängen hilft.

Moment mal! Warum redest du von „wir“? Und was genau verstehst du unter der „Gesellschaft“?

Zwei Fragen, zwei Antworten: Jeder Mensch *ist* eine Seele. Und jede Seele ist Gott. Deshalb „wir“. Das Gefühl, voneinander und von

Gott isoliert zu sein ist eben nur ein Gefühl von „euch". Wenn ich, wenn „ihr", wenn du etwas zu tun beschließt, ist das nie nur deine Entscheidung. Es ist die Entscheidung des göttlichen Urgrunds, also meine Entscheidung, oder doch deine? Oder die vieler Menschen? Nur für euch macht das einen Unterschied! Nicht in der Wirklichkeit.

Wenn du und ich und alles, was existiert, eins sind, dann spielt es keine Rolle, wer was entscheidet. Erstens wird durch jede Entscheidung alles, das gesamte Universum, das Gesamt-Bewusstsein beeinflusst. Und zweitens existiert die Trennung nur in euren Köpfen! Ihr *seid* das Universum. Aber Vorsicht: nicht in dem Sinn, dass ihr euer Ego aufblasen sollt zur Größe Gottes. Nein, eure *Seele* ist göttlich und ist Gott. Soviel also zu der Frage „wir" oder „ihr" oder „du" oder „ich".

Nun zum zweiten Teil: Wann immer sich zwei oder mehr Menschen zusammentun, entsteht eine Gesellschaft. Sofort entsteht ein Beziehungsgeflecht, bei dem der Einzelne sich an die anderen „Gesellschafter" anpasst. Dies liegt in eurem Plan begründet, der eure eigene Entscheidung ist: herausfinden, wie es ist, wenn ihr zwischen eurer Innenausrichtung und der äußeren Beeinflussung hin- und hergerissen seid. Dieser Konflikt zwischen eurer Bestimmung, die ihr normalerweise im eigenen Inneren wahrnehmt, und den Regeln des Zusammenlebens, die euch, auch wenn ihr sie internalisiert habt, von außen aufgezwungen werden, ist ein wesentlicher Bestandteil des momentanen Bewusstseins der Menschheit.

Es ist „an der Zeit", dafür eine Lösung zu finden. Wie kann eine solche Lösung aussehen? Das entscheidet ihr! Verzeih mir den Ausflug in den Bereich der Computerspiele: Es gibt da viele Möglichkeiten, und ihr könnt alle durchprobieren. Da gibt es keine Einschränkung. Wenn alles schiefgeht, fängst du wieder von vorn an. Aber du ärgerst dich, dass es nicht geklappt hat. So ähnlich ist es auch in der Realität. Die Menschheit hat kollektiv den Weg gewählt, eine Gesellschaft aufzubauen, die dem Individuum zwar gewisse Freiheiten lässt, ansonsten aber massiv Regeln aufstellt, wie Leben sich abzuspielen hat.

Die Gesetze!

Ja, aber nicht nur die! Ein feinmaschiges Gewebe von Vorstellungen durchzieht eure Welt, darüber, was ihr tun und was ihr lassen sollt. Was ihr nicht tun und nicht lassen sollt. Ihr habt als Kollektiv eine Welt geschaffen, die den Menschen krank macht, entmündigt und entweiht.

Respekt gegenüber dem Leben ist immer Respekt gegenüber dem Individuum, und ihr merkt schon gar nicht mehr, dass dieser Respekt nicht mehr vorhanden ist, außer in den Sonntagsreden eurer Politiker. Kein Mensch kann sich dagegen wehren, in dieses kranke Menschenbild miteinbezogen zu werden. Es sei denn, er besinnt sich wieder auf seinen Ursprung.

In eurer Gesellschaft ist Krankheit unvermeidlich, wenn nicht körperlich, dann geistig-seelisch. Bleibt ihr im Rahmen der Leitbilder eurer Gesellschaft, dann leidet ihr darunter. Mitgefangen, mitgehangen! Schafft ihr es, euch daraus zu befreien, werdet ihr aus eurer Gemeinschaft ausgeschlossen.

Die Leitbilder, die euch einengen, sind über die letzten Jahrtausende immer engmaschiger geworden. Zuerst waren da nur Religion und Brauchtum, die dem Leben immerhin Halt und Orientierung gaben. Heute habt ihr, unter der Vormundschaft der Wissenschaft, den Staat. Dieser übt in eurer „westlichen Zivilisation" eine zunehmende Kontrolle über euer Leben aus. Dies unter dem Deckmantel der Fürsorglichkeit. Er sorgt dafür, dass euch Straßen zur Verfügung stehen, damit ihr Wege zurücklegen könnt, die völlig unnötig wären, wenn ihr euch nicht so weit von euch selbst entfernt hättet. Er sorgt für einen Gesundheitsapparat, der die Krankheiten heilen soll, die durch eure Entfremdung von euch selbst entstanden sind. Er sorgt für ein „soziales Netz", das euch daran hindern soll, existentielle Bedrohung zu erleben. Das führt aber dazu, dass ihr euch durch eure Entmündigung seelisch schlecht fühlt. Und so weiter und so fort!

Könntest du mir bitte möglichst präzise sagen, wie man am besten vorgehen sollte, um optimal mit der eigenen Krankheit und auch mit Krankheiten bei Partnern, Verwandten und Freunden klarzukommen?

Nein. Es gibt keine pauschalen Ratschläge von mir. Aber eines an deiner Frage ist wichtig: Auch die Krankheit von Freunden und Verwandten ist *deine* Krankheit! Eine Krankheit, die du an anderen erlebst, *ist* deine Krankheit, nur nicht im Körper, sondern in deinem Empfinden. Erinnere dich, dass du nicht getrennt bist von deiner Umwelt, dass die Trennung nur eine Illusion ist. Daher ist es für denjenigen, der mit Krankheit in seiner Familie oder in seinem Freundeskreis konfrontiert wird, ebenso wichtig, dies anzunehmen, als wenn er selbst krank wäre! Und er ist auch fähig, an der Heilung dieser Krankheit mitzuwirken.

Vollkommenheit

Erzähle mir etwas über Heilung, bitte!

Heil sein heißt vollkommen sein. Vollkommenheit ist der Schlüssel zur Heilung. Sei einfach vollkommen! Sei *einfach*! Sei! Das ist alles, was vonnöten ist.

Wie du das sagst, klingt es ganz einfach. Das ist es aber nicht, nicht für uns. Du kannst uns nicht zuerst aus der Einheit werfen, unsere Erinnerung an unseren göttlichen Ursprung auslöschen, damit Angst in uns einziehen lassen und uns dann sagen: Seid! Das ist vielleicht doch zu viel verlangt. Meinst du nicht?

Ja. Nein! Ich verlange gar nichts. Und außerdem habt ihr euch selbst aus der Einheit gerissen – aus Freude am Leben! Eure Seele hat entschieden, in dieser Welt zu leben. Also schimpft nicht mit mir, schimpft überhaupt nicht! Euer Leben ist faszinierend und schön, wenn ihr euch seiner Faszination und Schönheit öffnet. Und wenn ihr das tut, dann seid ihr vollkommen. Vollkommenheit und Perfektion, das ist nicht dasselbe. Im Gegenteil: Vollkommenheit und Perfektion schließen sich gegenseitig aus. Du bist entweder perfekt oder vollkommen. Perfektion ist etwas Statisches. Das Wort besagt, dass etwas fertig gestellt wurde und nun nach bestimmten Vorgaben fehlerfrei funktioniert. Da Gott euch keine Vorgaben macht, könnt ihr nicht perfekt sein; außerdem seid ihr nicht statisch, sondern im Fluss. Alles in euch und um euch verändert sich immerwährend. Perfektion beinhaltet, dass ihr versucht, nach eigenen Vorgaben fehlerfrei zu funktionieren und dabei so bleibt, wie ihr seid, ohne weitere Entwicklung. Das ist kein Leben!

Was ist dann Vollkommenheit?

Der Mensch ist vollkommen, wenn er für sich, für die Umwelt und für Gott offen ist. Während Perfektion der Versuch ist, aus sich selbst heraus ein Kreis zu sein, ist Vollkommenheit das Bewusstsein, eine offene Schale zu sein, immer bereit, voll zu werden.

Diese Offenheit ist die einzige Voraussetzung für Vollkommenheit, die einzige Bedingung für echte Kreativität, für Leben. Wer glaubt, alles zu wissen, lernt nichts Neues dazu. Und schlimmer noch: Er lebt nicht mehr und muss sich deswegen aus fremden Quellen nähren. Der Vollkommene ist offen für andere, und deswegen nährt er sich nicht aus fremden Quellen, sondern aus seinem eigenen Ursprung. Klingt dies paradox?

Irgendwie schon! Kannst du mir das erklären?

Wenn du deine Seele und letztlich Gott als deinen Ursprung erkennst, dann weißt du, dass alles, was dir begegnet, ebenso göttlichen Ursprungs ist. Du wirst allem also mit Achtung und Liebe begegnen, und es wird für dich zur Inspiration, was immer dir begegnet. Aber – du brauchst es nicht, denn du lebst ja aus dir selbst.

Tust du das nicht, dann bist du darauf angewiesen, von außen Motivation zu erhalten. Alles, was dir begegnet, wird dann von dir daraufhin untersucht, ob es dich motiviert, bestätigt oder infrage stellt. Mit anderen Worten, ob du es brauchen kannst oder nicht. Du brauchst also die Begegnung, und du *verbrauchst* sie auch. Sie ernährt dich!

Und wenn ich vollkommen bin, also aus mir heraus lebe, dann tue ich, was Gott von mir erwartet?

Ich schreibe euch nicht vor, was ihr tun sollt. Ihr selbst entscheidet, was ihr erschafft, und könnt das in jedem Augenblick neu tun! Euer natürliches Verlangen ist das nach Glück, nach Glückseligkeit. Und glücklich seid ihr, wenn ihr voll seid: voll Liebe, voll Vertrauen, voll Lust auf das Leben. Wenn ihr *ja* sagt. Wenn ihr euch den Impulsen des Lebens, die eure eigenen sind, nicht verweigert. Wenn ihr euren eigenen Lebenstrieb auslebt, auch wenn es vielleicht nicht vernünftig ist.

Das hört sich nach Anarchie an!

Ihr seid in eurer Unterwerfung unter soziale Normen inzwischen so weit gegangen, dass ihr euch gar nicht mehr vorstellen könnt, dass Leben und Zusammenleben auch ohne feste Regeln und Gesetze funktionieren kann. Und ihr habt Recht.

So, wie ihr kollektiv das Leben auf der Erde organisiert habt, gäbe es Anarchie, wenn jeder aus seinem Trieb leben würde. Aber für den Augenblick spreche ich ja nur für dich und für diejenigen, die diese Worte lesen. Und für euch kann ich sagen: Es führt mitnichten zu Anarchie, wenn ihr aus eurem inneren Empfinden heraus lebt, entscheidet und erschafft. Es führt zum Reich Gottes, zum Himmel auf Erden!

Vollkommen sein heißt, Gott mit ins Leben einzubeziehen. Fehler, Irrwege, Sünden, das sind alles menschliche Kategorien, die von euch fälschlich (und ursprünglich in der Absicht, euch von euch selbst zu entfremden) Gott untergeschoben werden. Es gibt keine Fehler und

Irrwege. Es gibt keine Sünden! Nicht vor Gott, nur vor euch selbst. Ich werfe euch nicht in die Hölle, wenn ihr nicht nach meiner Pfeife tanzt. Was haltet ihr denn von mir? Ich bin kein rächender und strafender Gott, ich bin *Liebe*. Und ich bin Freiheit. Und ich bin du. Und du! Und du ... Und alles, was lebt.

Vollkommen sein heißt, trotz der Wahrnehmung der eigenen Unzulänglichkeiten vertrauensvoll seinen eigenen Weg zu gehen. Du bist nicht Gott, nicht in dem Sinn, dass alles, was du tust, ein Maßstab für andere Menschen ist. Nicht in dem Sinn, dass jeder, der anders ist als du, anders denkt, handelt, empfindet, glaubt, deswegen schlecht ist, des Teufels oder wie ihr sonst so leichthin sagt. Dein Ego ist nicht Gott, dein Körper ist nicht Gott, dein Empfinden ist nicht Gott, dein Geist ist nicht Gott.

Aber du bist Gott in dem Sinn, dass du und jeder Aspekt von dir von Gott erschaffen ist, von Gott erfüllt ist und das Spiel des Lebens, *Gottes Spiel,* mitspielt. Also spiel' mit, leicht und freudig, kümmere dich nicht um deine Fehler, sondern erfahre dich liebevoll im eigenen Erleben. Erkenne das Wirken Gottes in dir als dein eigenes Wirken und schwinge mit im Rhythmus des Lebens, den du daran erkennst, dass es dein eigener Rhythmus ist.

Sei einfach! Sei! Sei wie du bist: immer neu, immer schöpferisch, immer voll Göttlichkeit. Und was immer geschieht, es geschieht zu deinem Besten. Das ist Vollkommenheit. Das ist Heil. Das ist der Weg zur Heilung. Der einzige Weg, in den jeder irgendwann einmündet, ob heute oder in Millionen von Jahren. Auch das ist deine Entscheidung.

Dies gilt für alle Menschen?

Ja, selbstverständlich! Für alle. Auch für diejenigen, die dies nicht akzeptieren wollen, weil sie glauben, selbst alles kontrollieren zu müssen. Irgendwann früher oder später werden alle Wesen heil. Früher oder später – das macht keinen Unterschied in der Ewigkeit des Seins.

Heilung

Zurück zu meiner Frage. Wie kann ich konkret zur Heilung meiner Mitmenschen beitragen?

Indem du vollkommen bist. In der Gesellschaft vollkommener Menschen ist für die Heilung nichts anderes erforderlich als die Entscheidung dafür! Also ist dein optimaler Beitrag deine Offenheit für deine Bestimmung und dein schöpferisches Handeln, das Gott in der Welt aufscheinen lässt.

Dadurch fließt Liebe in die Welt, und zwar unbeabsichtigt. Liebe ist immer absichtslos. Die Konzentration von Liebe auf einen Menschen ist eine Einschränkung von Liebe, die dem Wesen der Liebe nicht entspricht und sie eigentlich aufhebt. Liebe ist, oder Liebe ist nicht. Wo Liebe ist, wird alles heil! Die konkreten Maßnahmen sollte man Heilkundigen überlassen.

Diese Antwort war sehr wichtig, zumindest für mich.

Nun aber doch noch die konkrete Frage: Wohin gehe ich? Zum Schulmediziner, zum Heilpraktiker, zum Geistheiler, zum Psychologen? Wie finde ich den besten Heilkundigen?

Der beste Heilkundige ist derjenige, der dich liebt! Also derjenige, der überhaupt liebt.

Du weichst mir aus!

Nein, das tue ich nicht! Aber ich überlasse dir die Entscheidung. Ich bin nicht dazu da, dir deine Entscheidungen abzunehmen. Sag nie bei einer Entscheidung: Das ist Gottes Wille! Das würde ja bedeuten, dass etwas anderes *gegen* meinen Willen geschieht. Doch das kann nicht sein! Die Frage ist doch, was ist *dein* Wille? Bitte, gib du mir die Antwort. Wohin würdest du gehen?

Irgendwie geraten wir auf Abwege! Wen interessiert meine persönliche Meinung?

Du, auch du, bist Gott. Wie jeder andere auch! Also, hast du verstanden, was ich meine? Es gibt für dich geeignete Schulmediziner und geeignete Geistheiler, und es gibt für dich ungeeignete Schulmediziner und ungeeignete Geistheiler.

Aber deine Frage zielt wahrscheinlich auf das Heilungssystem?

Du hast Recht!

Niemand kann dich heilen – das kannst nur du ganz allein. Es ist deine Entscheidung, ob du gesund werden willst. Sprich nur ein Wort, und deine Seele wird gesund. Aber: Du kannst dich nicht selbst betrügen! Du in deiner Gesamtheit musst wissen, dass du die Krankheit nicht nötig hast. Dann wird sie von dir abfallen wie durch ein Wunder!

Es gibt keine Wunder, wenn man weiß, wie groß die Schöpfungskraft ist, die euch Menschen zur Verfügung steht. Seht selbst, mit wie geringem Aufwand und in wie kurzer Zeit ihr es schafft, die Erde zu zerstören, die doch schon so lange existiert. Doch darüber wird noch zu sprechen sein.

Wenn ein dir unbekannter Teil von dir die Krankheit noch für nötig hält, wirst du sie nicht los! Der Umstand, dass du einen Teil von dir nicht kennst, nicht zur Kenntnis nimmst, ist geradezu verantwortlich für dein Kranksein. Und dieser Teil von dir kann all dein bewusstes Denken zunichte machen. Denn du kannst ihn nicht kontrollieren!

Also müssen wir versuchen, unsere Gedanken unter Kontrolle zu bringen? Uns selbst so lange erforschen, bis wir uns in allen Aspekten kennen und verstehen?

Das ist unmöglich und widerspricht der Vollkommenheit, wie ich sie eben definiert habe. Du bist von deiner Kapazität her nicht in der

Lage, alle Aspekte deines Wesens zu erfassen. Also kannst du dich auch nicht kontrollieren. Darum ist Kontrolle „des Teufels“, wie du ganz richtig schon einmal in einem ähnlichen Zusammenhang gesagt hast. Denn Kontrolle schließt aus, was du nicht kontrollieren kannst – und das ist der interessanteste Teil von dir.

Deshalb haben spirituelle Menschen Recht, die Esoteriker mit Misstrauen beäugen. Weil eben die Mehrheit der „Esoteriker“ die Esoterik betreiben, um Kontrolle über ihr Schicksal zu erlangen. Aber das wird niemals gelingen! Und deshalb werden die meisten Esoteriker irgendwann sehr krank. Ihre nicht angenommenen Persönlichkeitsanteile erklären damit, dass sie diese Inkarnation beenden möchten.

Wenn Irrwege euch zu weit von Gott entfernen, ist es besser, zurück in Gottes Schoß zu gehen. Und die schlimmsten Irrwege sind die, die Leben in seiner Ursprünglichkeit zugunsten von Weltanschauungen einschränken. Die meisten organisierten Religionen gehören dazu. Ich rechne auch euer Wissenschaftssystem dazu, das eigentlich ein religiöses System mit nicht mehr zu hinterfragenden Glaubenssätzen und einer Art Priesterkaste ist. Dazu zählt aber auch jedes autoritäre esoterische System – und fast alle esoterischen Richtungen sind auf subtile Weise autoritär.

Das scheint mir enorm starker Tobak! Manche Esoteriker werden das Buch jetzt kopfschüttelnd weglegen und sagen: „Was bildet der Kerl sich eigentlich ein? Verurteilt in seinem Rundumschlag alle diejenigen, die an sich arbeiten, und damit auch mich!“ Und der „Kerl“ bist nicht du, der bin ich!

Ich habe dir von Anfang an gesagt, dass du nicht nur mit Zustimmung rechnen kannst!

Aber wer soll das lesen? Organisierte Christen werden dies alles als satanische Eingebung ansehen, Esoteriker fühlen sich angegriffen,

Materialisten glauben sowieso nicht an Gott, und der „normale Mensch“ liest so etwas nicht!

Jeder, der das liest, profitiert davon. Und wenn du der Einzige sein solltest, hat es sich doch schon gelohnt, oder? Alles, was du tust, tust du für dich – und für Gott. Wenn du dabei nach Anerkennung durch andere schielst, machst du dich von ihnen abhängig. Willst du das?

Natürlich nicht, Du hast ja Recht! Ich finde es auch gut, alles, was man tut, so zu tun, wie man es selbst für richtig hält.

Wenn sich bei dir eine Zufriedenheit mit deinem Werk einstellt, die völlig unabhängig von der Wertschätzung durch deine Umwelt ist, dann ist es wohlgetan! Und übrigens wird es dann auch genug Menschen geben, die es zu schätzen wissen. Aber das ist ein zweiter Schritt. Also machen wir jetzt den ersten Schritt: Wir schreiben auf, was in uns aufsteigt und gesagt werden will. Okay?

Okay, okay! Aber zurück zur Heilung!

Nur du allein kannst dich heilen! Dies tust du, indem du dich selbst in deiner Ganzheit annimmst. Ich sage „annehmen“ und nicht „erkennen“, weil zum Erkennen, wie eben gesagt, eure geistige Kapazität nicht ausreicht. Das heißt, wenn du offen bist für alles, was aus dem Unbewussten durch dich in Zeit und Raum fließen will, ganz gleich, was es ist, dann gibt es keinen Grund für irgendetwas in dir, sich Krankheit zu wünschen. Aber dann bist du auch „schrecklich“, denn du bist ganz und gar unberechenbar! Auch du selbst kannst nie wissen, was als nächstes geschieht! Aber gemach. So schlimm ist es auch wieder nicht. Viele Menschen haben schon so gelebt. Und nicht alle sind, wie Jesus, gekreuzigt oder anderweitig umgebracht worden. Obwohl Offenheit allumfassend ist – auch dafür muss man offen sein.

Angenommen, ich bin so weit, dies so leben zu können, dann brauche ich also keinen Heilkundigen? Und wenn ich noch nicht so weit bin, dann nützt er mir nichts, weil irgendetwas in mir die Krankheit ja will oder braucht? Verstehe ich das richtig?

Ja, aber du musst es nicht so radikal sehen! Manchmal brauchst du nur einen kleinen Anstoß, um die Richtung deines Tuns und Denkens, deiner Aufmerksamkeit zu verändern. Du liest zufällig etwas, hörst etwas im Radio, siehst eine Blume im Garten, siehst einen Stein im Wald – und eine „neue" Saite in dir erklingt.

Gott liebt dich und jeden Menschen. Glaubst du, er lässt euch allein? Ihr seid umgeben von Wesenheiten, die euch helfen, euch an eure wahre Natur zu erinnern. Und zu den Wesenheiten, die euch helfen, gehören natürlich auch Menschen. Das sind übrigens nicht unbedingt diejenigen, denen ihr einen besonderen Wert zumesst. Nicht unbedingt. Und natürlich gehören auch Heilkundige zu meinen Boten. Ihr findet sie, weil sie euch finden!

Aber ob ihr sie annehmt, das ist eure Entscheidung. Schließlich habt ihr euch ja schon einmal für Krankheit entschieden, und nichts zwingt euch dazu, eure Entscheidung zu revidieren. Denn, wie du jetzt wohl begriffen hast: Es reicht nicht aus, sich für das Verschwinden einer Krankheit zu entscheiden.

Du willst sagen, ich muss mich von Grund auf ändern.

Du musst gar nichts. Und es ist nicht erforderlich, dich „von Grund auf" zu ändern, wenn du gesund werden willst. Nimm dich „von Grund auf" an! Das ist es. Deshalb gilt für dich, auch wenn das schrecklich klingt: Misstraue jedem, der dir einen leichten Gesundwerdungsprozess verspricht – Instant-Heilung sozusagen. „Nehmen Sie diese Tabletten, und Sie werden gesund!" „Ich lege dir die Hände auf, und du bist wieder heil!" „Wir schneiden das Organ raus, und Sie haben keine Probleme mehr damit!" Das funktioniert für den Augenblick – vielleicht.

Aber echte Heilung ist nur möglich, wenn du selbst vorher das Fundament gelegt hast, das *seelische* Fundament, das dich dem Heil näher bringt.

Also sind Geistheiler Scharlatane?

Nur, wenn sie euch Dinge versprechen, die ihr eigentlich selbst erlangen müsst. Geistheiler können euch „nur" einen kleinen Schubs in die Richtung geben, die ihr selbst wählt. Und wie ich schon sagte, manchmal reicht das ja aus. Versuchen sie hingegen, euch in eine von euch nicht gewünschte Richtung zu drängen, oder versprechen sie euch „Wunder", dann solltet ihr von ihnen nichts erwarten. Es wird auch nichts kommen.

Eine tiefe Vertrauensbasis zwischen dem Kranken und dem Heiler, verbunden mit der inneren Bereitschaft des Kranken und dem spirituellen Status des Heilers, kann allerdings ohne Zweifel Wunder bewirken.

Und die Schulmedizin ist auch mit Vorsicht zu betrachten?

Ja. Und dazu muss man auch die Naturheilverfahren, so wie ihr sie praktiziert, rechnen.

Warum?

Weil sie den Menschen als Maschine betrachtet, die gewartet, geölt und geschmiert werden muss wie ein Auto, und manchmal auch repariert. Der einzige Unterschied zum Auto ist der, dass der Mensch nicht verschrottet wird – obwohl man ihn wohl manchmal auch „ausschlachtet", als „Ersatzteillager" für andere Menschen.

Diese Denkweise der Schulmedizin wird von fast allen Ärzten, auch von den Ärzten für Naturheilkunde und den Heilpraktikern und – von fast allen Kranken geteilt! Insofern bekommt jeder, was er wünscht.

Wichtig ist in dem Zusammenhang, dass der Unterschied zwischen einem „chemischen" und einem „pflanzlichen" Medikament nicht so groß ist, dass er die zugrunde liegende Gemeinsamkeit aufhebt – die Hoffnung, wieder gesund zu werden, ohne Konsequenzen für das eigene Leben ziehen zu müssen!

Eure Medizin unterliegt also wie die gesamte Wissenschaft und euer gesamtes Denksystem einem fundamentalen Irrglauben. Sie ist *de facto* der Irrglaube, der wie ein böser Geist über euch schwebt und Krankheiten hervorbringt. Das, was ihr im Volksglauben mancher Kulturen das „Untote" nennt. Es ist kein Leben, aber es fordert einen Platz auf dieser Welt und verbraucht Leben. Wie der Riese im Märchen, der die Jungfrauen frisst und die Menschen heimsucht.

Übrigens fürchtet das „Untote" nichts so sehr wie den Tod, weil dieser ein Teil des Lebens ist. Deswegen der aufwändige Kampf der Medizin gegen den Tod, im Auftrag der Patienten natürlich, die aber ihrerseits von der Medizin dazu aufgestachelt werden. Als wäre es sinnvoll und wünschenswert, den Körper möglichst lange (über)leben zu lassen!

Der Tod entzieht sich, wie wirkliches Leben, der Kontrolle der Wissenschaft. Sie versucht daher, beides zu verhindern, natürlich unter dem Deckmäntelchen des „Besten für den Patienten". Hiervon muss ich die Naturheilkunde übrigens ausnehmen.

Jetzt ziehst du aber mächtig vom Leder! Ich dachte, Gott verurteilt nicht?

Ihr Menschen haltet jede Beschreibung der Wirklichkeit, die nicht in euer Konzept passt, für ein abwertendes Urteil. Ich sage nur, was ist: Ihr habt ein Gesundheitssystem geschaffen, das versucht, die Schäden zu reparieren, die es selbst hervorbringt.

Ein Mensch, der auf seine körperliche und geistig-seelische Funktionalität im Sinne der gesellschaftlich gewünschten Norm reduziert wird, und der diese Reduzierung akzeptiert, muss zwangsläufig diese Reduzierung als körperliche oder psychische Krankheit reproduzieren.

Und dass alle Menschen dies akzeptieren, dafür sorgen die Eltern, die Schulen und Ausbildungsstätten – und die Massenmedien.

Ich bin überrascht – Gott übt Gesellschaftskritik?

Diese Gesellschaftskritik ist deine Kritik. Aus menschlicher Sicht hast du völlig Recht. Aus göttlicher Sicht ist dies alles ein Spiel, das ihr spielt, weil ihr es selbst geschaffen habt. Natürlich wird eure Zivilisation daran zerbrechen wie so viele vor ihr – wenn ihr das so konsequent zu Ende spielen wollt.

Bedenke aber, dass der Tod nicht das Ende ist, sondern der Anfang. Eure Seelen probieren nach dem irdischen Tod einfach etwas Neues. Oder ihr entscheidet euch, dieses Spiel in eine andere Richtung laufen zu lassen, kollektiv oder jeder für sich.

Was nützt es, wenn ein Einzelner für sich so entscheidet?

Erstens nützt es demjenigen, der sich so entscheidet. Dies aber nur, wenn er es wahrhaftig tut und nicht demonstrativ („Seht her, so ein toller Mensch bin ich!“). Zweitens „nützt“ es nichts, weil es nicht um Nutzen geht. Es geht um das Sein. In dieser Welt kann Wahrheit nur im Sein gelebt werden, nicht in der Demonstration. Und Wahrheit ist Wahrheit.

Wahrheit in *einem* Menschen ist Wahrheit in *allen* Menschen, auch wenn diese Menschen sie gar nicht wahrnehmen. Die wirklichen Entwicklungen der Menschheit werden hervorgerufen durch einzelne Menschen, die meist ganz unbekannt sind. Sie *sind* einfach und vollbringen damit das Wunder, den Himmel auf Erden zu leben, häufig fernab von allem Trubel des Lebens, manchmal aber auch mittendrin. Jeder an seinem Platz zu seiner Zeit, jeder für sich, aber verbunden im Bewusstsein der Einheit aller.

Kein Nachdenken, keine Planung, kein geschicktes Taktieren schuf und schafft je eine wirkliche Änderung im Ablauf der Menschheitsgeschichte. Diejenigen, die Veränderung wollten, planten, darüber redeten, haben nie etwas bewirkt und werden nie etwas bewirken. Sie zementieren den IST-Zustand und liefern ihm noch dazu ein Alibi. Wenn die Automaten die Luft nicht mehr verschmutzen, dann dürfen wir uns weiterhin von ihnen abhängig machen. Wo ist da die Veränderung? Wo ist der Schritt zu Gott?

Aber ich möchte noch einmal zurückkommen auf die Heilung. Jeder Mensch kann heilen, auch ein Vertreter der Schulmedizin – aber nicht in seiner Eigenschaft als Schulmediziner, sondern als Mensch. Wenn ich über Systeme spreche, meine ich die Systeme und nicht die Menschen. Erst wenn ein Mensch sich sehr stark mit einem System identifiziert, so sehr, dass es bereits Unterwerfung ist, dann ist er in der Falle. Wenn sich das System dann als untauglich für die menschliche Evolution erweist, ist er selbst auch untauglich dafür. Mitgefangen, mitgehangen! Aber erinnere dich: Ihr könnt euch jeden Augenblick *neu* entscheiden. Die Betonung liegt auf neu entscheiden. Leider ist das nicht eure Stärke. Viele Nazis haben nach dem Krieg entschieden, dass sie eigentlich nie richtige Nazis waren. Andere sind zur Überzeugung gekommen, dass sie von nichts Negativem gewusst haben. Das sind opportunistische Verhaltensweisen, die nichts mit Neuorientierung zu tun haben.

Aber jeder Mensch ist ein Mensch. Er lebt und hat die Fähigkeit zu erschaffen, was ihm entspricht. Er kann jederzeit feststellen, dass durch sein Leben das ihm innewohnende Potenzial, seine göttliche Natur, nicht oder nicht in einem Maß, das ihn befriedigt, zum Ausdruck kommt. Und er kann beschließen, sich neu zu erschaffen im Licht seiner inneren Empfindung, die von seiner unsterblichen Seele und Gott gespeist wird. Das hat nichts Großartiges und ist nichts Reflektiertes, dabei geht es nicht um Vorstellungen und Leitbilder, denn diese sind nicht in der Lage, die Großartigkeit des Menschseins widerzuspiegeln. Aber ihr alle könnt aus den Tiefen eurer Seele schöpfen und Glück erschaffen. Und Gesundheit. Und Liebe.

Du rätst also zur Vorsicht bei Menschen, die sich sehr stark mit irgendeinem System identifizieren?

Oder mit einer Religion. Oder mit einer Firma. Oder mit irgendetwas, das einen Bezugspunkt außerhalb ihrer eigenen Person darstellt. Ich rate also auch zur Vorsicht mit euch selbst. Seid euch dessen bewusst, dass viele eurer Überzeugungen euch von außen implantiert worden sind. Natürlich heißt das, dass ihr für diese Überzeugungen empfänglich seid. Und es schadet auch nichts, auszuprobieren, wie weit man damit kommt. Aber seid auf der Hut: Es sind Fremdlinge, Fremdkörper in eurem Geist, die Probleme erschaffen, wenn sie dominant werden. Probleme seelischer und körperlicher Art.

Euer Geist liebt solche äußeren und verinnerlichten Bezugspunkte, denn dann kann er brillieren, ohne dass ihr euch seelisch einbringen müsst. Der Geist hebt dann ab von den eigenen Empfindungen. Er ist nicht voll Liebe, denn Liebe strömt nur über das Empfinden ins Leben ein. Er wird kalt. Und er verbreitet dann eine Vorstellung von Liebe, die nicht gelebt, nicht erlebt und also auch nicht erfahren wird. Die deshalb als leere Hülse dasteht und Angst erzeugt. Die die Menschen der Liebe entkleidet. Die sie lieblos macht im Namen der Liebe. Die die Liebe entweiht.

Jemand, der von Liebe spricht, ist mit Vorsicht zu betrachten?

Es geht eigentlich nicht um Vorsicht, sondern um Wachheit. Ein Mensch, der liebt, kann und wird auch über Liebe reden. Wahrscheinlicher aber ist, dass jemand, der über Liebe redet, dort ein Defizit hat. Das ist überhaupt so: Der Mensch redet über das, woran er einen tatsächlichen oder vermeintlichen Mangel hat. Das ist ganz natürlich. Und das ist auch gut. Es ist sehr sinnvoll, seine Ziele zu artikulieren.

Im Sinne von positiven Affirmationen à la Murphy?

Ganz allgemein. Wenn du glaubst, dass du einen neuen Job brauchst, ist es sinnvoll, dass du dich damit auseinander setzt. Dies ist übrigens ein sehr merkwürdiges Wort im Deutschen, das jedoch ganz richtig wiedergibt, worum es geht: Stell dir vor, du hast deinen Wunschjob. Entferne dich dann davon und betrachte dich, wie du diese Arbeit ausführst, aus der Entfernung. Bist du dabei zufrieden und glücklich? Oder fehlt dir noch etwas? Wenn du zufrieden und glücklich bist, ist deine Zielvorstellung richtig. Nach dieser Auseinandersetzung, die sinnvoll und notwendig ist, triffst du die Entscheidung: Ja, das ist mein Wunsch.

Und jetzt ist es sinnvoll, die Auseinandersetzung zu beenden, die Entscheidung nicht mehr anzuzweifeln und stattdessen die nächste Stufe zu erklimmen: das Erleben und die daraus resultierende Erfahrung. Erleben heißt, die zeit- und ortslose Vision in die Gegenwart und den eigenen Raum zu holen. Mit anderen Worten: sie zu erschaffen.

Visionen verwirklichen

Und wie erschaffe ich sie am besten? Indem ich die Ärmel hochkremple und loslege?

Wenn die konkreten Gegebenheiten vorhanden sind, ja, dann ist das der Weg. Wenn es deine Vision ist, in der Stadt eine neue Hose zu kaufen und das Geld da ist, dann fährst du los und tust es einfach. – Doch ich spüre schon deine Enttäuschung. Du meinst, das sei keine Vision. Aber in der Tat ist es das. Genau wie das Essen. Du hast die Vision, eine Tomate zu essen, und dein Geist und dein Körper setzen das unmittelbar in die richtigen Bewegungen um: zum Mund führen, hineinbeißen, kauen, schlucken usw. Die so genannten großen Visionen funktionieren nicht anders!

Okay, Du hast wahrscheinlich Recht. Trotzdem geht es für uns nicht so leicht. Allein schon, weil man manches nicht ohne fremde Hilfe schafft. Und weil es nicht sofort geht. Und weil das nötige Geld fehlt. Und weil die Umgebung nicht mitzieht. Und, und, und ...

Dies sind Reproduktionen eurer kollektiven Glaubenssätze und einiger individueller Glaubenssätze von dir. Die Realität ist so geartet, dass euch nicht alles jederzeit zur Verfügung zu stehen scheint. Doch das ist nicht die Wirklichkeit. Es ist eine Fata Morgana. Jeder von euch hat unmittelbaren Zugang zu allem, was er sich wünscht. Ich wiederhole: Jeder von euch hat unmittelbaren Zugang zu allem, was er sich wünscht. Was er sich wirklich, aus vollem Herzen wünscht.

Aha! Hier kommt die Einschränkung! Das hört sich wie ein Trick an: Wenn du dies und jenes nicht erreichst, dann hast du es nicht wirklich, *nicht* aus vollem Herzen *gewünscht. Erzähl das einmal einem hungernden, einem verhungernden Kind in Afrika! Oder einem begabten Kind aus einem sozial schwachen Milieu!*

Mein lieber Freund, ich liebe dich, auch wenn du so gereizt bist. Es zeigt, dass dir dieses Thema wirklich am Herzen liegt. Aber glaubst du wirklich, irgendjemand könnte etwas erleben, was seine Seele sich nicht wünscht?

Na gut, aber vielleicht wünscht die Seele sich ja das Eine und der Mensch etwas Anderes!

Ja. In der Tiefe seines Daseins wünscht sich der Mensch zwar das, was seine Seele wünscht, aber das ist nicht das, was ihr konkret erlebt. Und ihr seid keine Marionetten eurer Seele, ihr habt einen freien Willen, als menschliches Individuum, als Mensch!

Die Seele sucht allerdings die Bedingungen aus, in die ihr geworfen seid, hier auf der Erde. Arm oder reich, schön oder hässlich, intelligent oder dumm, das ist bis zu einem gewissen Grad vorgegeben. Aber dann kann jeder Mensch entscheiden, was er tun will: Er kann alles so annehmen, wie es ist, oder versuchen, alles zu ändern, oder irgendeinen Kompromiss dazwischen finden.

Und auch, wenn er sich gegen das Programm entscheidet, das ihm die Seele aufgebrummt hat, kann er das problemlos verwirklichen?

Natürlich. Allerdings ist er jederzeit auch mit den Folgen seines Handelns konfrontiert. Dem kann sich niemand entziehen, und wenn er es könnte, dann würde er „schwarze Magie" betreiben, wie ihr das nennt. Auch das steht euch zu. Doch auch davon müsst ihr die Folgen tragen, und das ist schmerzhaft, so schmerzhaft, dass ich euch davon abrate. Aber es ist eure Wahl.

Also, wenn ein Kind in Afrika verhungert, dann kann es sich dagegen entscheiden?

Im Prinzip schon! Gegen das Hungern zumindest.

Und wie macht es das? Wie meinst du das überhaupt, „gegen das Hungern zumindest"?

Es kann sich gegen das Hungern entscheiden, indem es *ver*hungert! Ich weiß, das klingt für dich ungeheuer hart, aber so ist es. Nichts anderes ist euch im Zweiten Weltkrieg passiert. Junge Soldaten, die es an der Front nicht mehr aushielten, täglich ums Überleben kämpfen zu müssen und andere zu töten, gaben sich auf, ohne dass ihnen diese Entscheidung wirklich bewusst war. Sie starben oder wurden gefangen genommen. Auch viele Kranke treffen solche Entscheidungen.

Das ist es nicht, was ich mit Entscheidung gegen das Hungern gemeint habe – Verhungern!

Ja, ich weiß. Die Bilder von Menschen, die in ausweglosen Situationen gefangen sind, beeindrucken dich sehr, gerade jetzt. Aber schau: Dies sind sehr spezielle Situationen, die vom Einzelnen oder oft vom ganzen Kollektiv gewählt worden sind, und zwar mit einer solchen Konsequenz, dass ihr dagegen nur sehr schwer etwas tun könnt. Das kleine Kind als Individuum in der Tat nicht! Es sei denn, es beendet die Erfahrung durch seinen eigenen Tod.

Ist es denn in Ordnung, wenn die Wohlhabenden etwas dagegen tun? In Afrika oder bei uns vor der eigenen Tür?

Lass mich zunächst einmal klarstellen, dass ich nicht behaupte, es sei in Ordnung, dass eure Gesellschaft nicht allen Menschen die gleichen Chancen einräumt. Und dass ihr, global gesehen, manche Völker ausbeutet und so behandelt, dass sie darunter leiden. Aber was bedeutet dies „Es ist nicht in Ordnung"? Doch wohl, dass es nicht in Übereinstimmung ist mit dem, was du (und ich durch dich) als das ansiehst, was Gott oder das Göttliche in dir ausmacht.

Aus einer globaleren Sicht geschieht auch mit den chancenlosen, unterprivilegierten Menschen nichts, was sie sich nicht erschaffen haben.

Aber, um noch einmal darauf zurückzukommen, das hungernde Kind in Afrika kann nichts gegen sein Hungern tun?

Nicht konkret, nicht direkt. Es ist körperlich der Situation ausgeliefert. Aber – wir werden noch näher darauf eingehen – es kann sich seiner göttlichen Natur bewusst werden! Dies geschieht häufig, von außen unbemerkt, bei Menschen in extremen Notsituationen wie eben Hungern, Gefangenschaft, unheilbaren Krankheiten usw. Dieses Bewusstwerden ist auf eine stille Weise so beglückend, dass das äußere Unglück ertragen werden kann. Kennst du dieses stille Glücksgefühl nicht?

Doch, es ist aber leider viel zu selten aufgetaucht.

Und warum nimmst du dir so selten die dafür notwendige Zeit der Muße?

Na ja, es gibt halt immer etwas zu tun.

Eine lahme Ausrede.

Aber das ist in der Tat der Grund. Und wenn eure Aktivität euch in irgendwelche Sackgassen treibt und zum Erliegen kommt, dann habt ihr die Chance. Wenn ihr krank werdet, wenn ihr nicht mehr weiter wisst, dann kommt der Bote Gottes. Er ist eigentlich immer da, aber so unauffällig, dass ihr nicht auf ihn hört, ihn nicht einmal bemerkt. Und der Bote Gottes ist kein Engel, sondern euer aufkeimendes Bewusstsein, das versteht, dass ihr eingebettet seid in die Ganzheit der Schöpfung. Und ihr braucht eure Individualität nicht aufzugeben, um euer Eingebundensein zu erfahren. Diese Erfahrung überstrahlt alle irdischen Kümmernisse. Dafür lohnt es sich zu leben und, ja, dafür lohnt es sich auch zu sterben. Doch diese Erfahrung wünscht sich deine Seele nicht, denn sie ist selbstverständlich für sie. Aber du als Mensch wünschst sie dir. Die Erfahrung des Eingebundenseins ist dir nur zugänglich, wenn du das annimmst, was dir deine Seele an Erlebnissen bietet. Also ist das, was deine Seele erleben will, und das, was du dir letztlich wünschst, immer identisch. Wir kommen darauf später noch zurück.

Aber das, was ich als Mensch konkret will, ist doch nicht immer das, was meine Seele will. Das ist doch wohl eine Tatsache. Deshalb sagst du ja gerade „was du dir letztlich *wünschst", nicht wahr?*

Es ist zu unterscheiden zwischen dem, was du willst, und dem, was du glaubst, haben zu müssen. Und eigentlich müssen wir, wenn wir weiterkommen wollen, Wollen und Wünschen noch genauer definieren. Und in diesem Zusammenhang über das Erschaffen, den Schöpfungsprozess reden. Erst wenn das alles klar ist, kannst du mich verstehen.

Übrigens schlagen wir damit einen Bogen zurück zum ursprünglichen Thema: Krankheit und Heilung. Und können damit dieses Thema auch beenden.

Okay, wo wollen wir anfangen?

Bestimmung

Wir fangen ganz am Anfang an. „Zu Anbeginn der Zeit" begibt es sich, dass das in sich Ungeteilte, das den Entschluss gefasst hat, sich zu erleben und zu erfahren, sich eine Bestimmung sucht, eine Art geistiges Gerüst aufstellt und sich darin inkarniert. Die Bestimmung eines Menschen ist zunächst einmal, sich als Individuum, also getrennt, zu erleben. Dazu muss er seine wahre Natur, nämlich all-eins zu sein, vergessen. Und dies geschieht durch die Individuation.

Nimm einen Tropfen Wasser aus dem Meer: Er enthält noch die Information „Wasser" und damit auch die Information „Meer". Trotzdem würde er in der Wüste verdampfen und, wenn er wie ein Mensch empfinden würde, sich einsam, allein und in Not fühlen und sterben, weil er sich nicht als Teil des Meeres empfindet, sondern als einzelner Tropfen.

Und das ist also unsere Bestimmung? Einsam und allein sein und schließlich sterben? Das hört sich an, als würde ein General seine Truppen vom Schreibtisch aus in die Schlacht schicken. Einige kommen durch, die meisten verrecken.

Halt, halt, halt, stopp! Stilisiere nicht ein Beispiel zur Wahrheit hoch, damit wirst du dem Leben nicht gerecht. Sag mir lieber, kannst du dich an Situationen in deinem Leben erinnern, in denen es dir besonders gut gegangen ist?

Ja, natürlich, etliche!

Dies waren Zeiten, in denen du Teile deiner Bestimmung besonders gut umgesetzt hast. Sieh mal, ihr Menschen seid vielschichtige Wesen. Aspekte von euch sind „reine Materie" (in euren Begriffen – in Wirklichkeit gibt es das gar nicht), andere sind geistig oder „feinstofflich", andere sind allumfassend. Ich habe den Begriff „Aspekt“ benutzt, weil er sprachlich etwas mit dem Sehen zu tun hat. Es ist alles eine Frage der Sichtweise, wie ihr das Leben wahrnehmt.

Ich wiederhole mich: Ihr seid Gott, ihr seid Mensch, ihr seid Materie, ihr seid Tiere, ihr seid das und alles, was ihr euch nur vorstellen könnt und noch nicht vorstellen könnt. Und ihr seid dies in alle Ewigkeit, das heißt zeitlos, wenn ihr das wollt. Normalerweise will niemand seine raum-zeitlichen Attribute verewigen, aber es wäre möglich, weil Raum und Zeit unter einem bestimmten Blickwinkel nur eine Illusion sind.

Also: Für euch ist es wichtig zu wissen, dass ihr all-eins wart, seid und bleibt. Eure Trennung voneinander und von mir ist nur eine Fata Morgana, wie ein schöpferisches Spiel, auf das ihr euch verständigt habt. Und wie es bei Gesellschaftsspielen dazu kommen kann, dass man sich so mit dem Spiel identifiziert, dass man die Realität um sich herum vergisst, genau so vergesst ihr zunächst eure göttliche Natur, und aus dem Spiel wird Ernst, für die meisten von euch zeitweise bitterer Ernst. Dies ist – ich wiederhole es noch einmal – nur darauf zurückzuführen, dass ihr eure wahre Natur nicht kennt.

Eure Bestimmung ist nun, allgemein gesagt: bestimmte Aspekte eurer göttlichen Natur in dieser Welt zu erfahren. Welche Aspekte? Das bestimmt eure Seele vor dem Gestaltwerden des Menschen. Über diese Bestimmung kann und wird die Anlage, die ihr erfahren wollt, ins Leben gelangen.

Was muss der Mensch tun, um seine Bestimmung zu leben? Und was geschieht, wenn er es nicht tut?

Der Mensch braucht das Leben nur zuzulassen. Eure Bestimmung ist keine Aufgabe, die ihr erfüllen müsst, wie eine Hausaufgabe in der Schule! Sie kann gar nicht verhindert werden. Ihr könnt sie annehmen oder nicht annehmen. Sie wird sich aber einen Weg in die Erfahrung suchen. Und wenn diese Erfahrung angenommen wird, das heißt, wenn der Mensch diese Erfahrung bereitwillig macht, dann ist er glücklich. Er ist mit seinem Ursprung verbunden und damit wie von selbst im Paradies. Der Himmel auf Erden: Das ist eure Bestimmung!

Wie kommt es dann, dass wir so oft versuchen, unserer Bestimmung zu entgehen?

Ihr identifiziert euch vorwiegend mit eurem Körper. Also versucht ihr, körperliche Lust zu erfahren durch Essen, Trinken und Sex, ein Dach über dem Kopf, angenehme Temperatur usw. Und ihr habt begriffen, dass die Bedürfnisse des Körpers umso sicherer erfüllt werden, je höher euer Status in der Gesellschaft ist. Also strebt ihr nach Geld, Macht, Posten etc. Aber das ist kein gangbarer Weg zum Glück! Und ich sage nicht, dass dies alles schlecht oder falsch oder zu verdammen ist. Es führt nur nicht zum Glück! Das ist alles. Wenn ihr *glücklich* sein wollt, führt kein Weg daran vorbei, eure Bestimmung anzunehmen.

Woher weiß ich, dass meine Bestimmung nicht darin besteht, mich für andere zu opfern, verlacht, verhöhnt, mit Dreck beworfen, getötet, gefoltert zu werden?

Wenn dies deine Bestimmung sein sollte, wäre dies deine Erfüllung! Aber du weißt es eben nicht. Es ist wichtig zu verstehen, dass du oder ihr eure Bestimmung nicht *erkennen* sollt: Ihr *erschafft* eure Bestimmung! Dies ist ein tiefes, schwer zu verstehendes Geheimnis.

In jedem Augenblick eures Lebens entsteht durch euch eine Bewegung im Universum, die einen Effekt hat, der direkt schöpferisch ist. Ihr speist Universen, ohne es zu wissen. Ihr lebt euer Leben gleichzeitig auf so vielen verschiedenen Ebenen, dass es euer Vorstellungsvermögen übersteigt. Die Effekte eures Verhaltens beeinflussen euer ganzes Universum auf subtile Weise. Und dies ist in der Tat der göttliche Plan, der Plan eurer Seele. Und der Plan eurer Seele ist euer tiefster Wunsch.

Gemäß diesem tiefsten Wunsch erschafft ihr euer Leben, eure Welt. Der Wunsch eurer Seele ist auch euer Wunsch, denn ihr strebt dorthin, wo ihr Glück erlebt, je mehr, desto besser.

Da ihr am Anfang nicht so genau wisst, wo ihr Glück in höheren Dosen findet, geht ihr viele, manchmal verschlungene Wege, bis ihr dort ankommt, wo ihr sowieso schon immer wart: bei euch selbst. Glücklichsein heißt Du-selbst-Sein. Die Inder sagen, es sei der Weg von hier nach hier. Dort, wo du bist, und wie du bist, dort ist dein Glück, und deine Bestimmung erwächst daraus.

Ich muss doch noch nachbohren: Wenn ein Leben gemäß meiner Bestimmung mich glücklich macht, warum lebe ich dann nicht so, und warum lebt keiner so?

Es ist nicht wahr, dass keiner so lebt. Es leben nur nicht alle 100% nach ihrer Bestimmung.

Ich würde dich gern öfter einmal unterbrechen, um mehr am Ball zu bleiben. Ist dir das recht?

Das ist mir recht. Aber du solltest wissen: Ich bin am Ball. Und nur ich bin am Ball! Er funktioniert nicht, euer Versuch, hastig und heftig, unsensibel und ungeduldig nach Instant-Lösungen für eure Probleme zu schreien. So geht das nicht.

Es gibt nur Erfahrungswege, die ihr erleben dürft, und die dann zu einer Lösung, zu einer Erlösung führen, die nicht immer von euch so beabsichtigt ist.

(...)

Während du versuchst, eine Frage zu formulieren, lass mich dir die Antwort geben!

Du kennst doch Märchen, nicht wahr? Was ist die Bestimmung von

Schneewittchen? Oder die von Aschenputtel? Ihre Bestimmung ist, Königin zu werden. Einverstanden?

Ja.

Laufen die beiden von Anfang an herum mit dem Anspruch, Königin zu werden? Gehen sie zum Therapeuten, besuchen sie ein Seminar „Wie werde ich Königin?“ oder jammern sie darüber, dass ihre Stiefmütter ihnen keine Chance lassen? Nein! Sie gehen ihre individuellen, durchaus unterschiedlichen Lebenswege. Und in diesem Erleben konstituiert sich – im Prinzip unbeabsichtigt – die Lösung, die auch eine Erlösung ist.

Sozusagen als Geschenk.

Als Geschenk. Als Schicksal. Als Zufall. Nenne es, wie du willst. Tatsache ist, dass sie dies alles selbst schaffen. Dieses Schaffen, dieser Schöpfungsprozess ist kein zielorientiertes Tun. Es ergibt sich aus der Bereitschaft, das Leben anzunehmen.

Aber wer erschafft denn nun?

Die Seele erschafft, Gott erschafft, und damit du selbst. Dies ist aber keine Sache des oberflächlichen Wünschens.

Wünsche

Damit kommen wir wieder auf die Problematik unserer Wünsche zurück.

Ich will essen, ich will überleben, ich will geliebt werden, ich brauche Anerkennung usw. Ist das alles ein Teil der Wünsche der Seele?

Nun gib doch einmal selbst die Antwort: Ist Essen für die Seele erstrebenswert?

Sagen wir einmal so: Wenn ich nicht esse, überlebe ich nicht. Also kann ich auch nicht die Wünsche der Seele erfüllen. Insofern ist das schon bedingt erstrebenswert, wenn es wohl auch nicht der Kernwunsch der Seele ist.

Du irrst!

Es ist für die Seele erstrebenswert?

Du irrst wieder!

Jede Seele hat ein individuelles Programm, und was für die eine wünschenswert ist, ist für die andere nur am Rande oder gar nicht von Belang.

Exakt so ist es. Ihr Menschen habt eine erstaunliche Begabung, die Welt im Licht eurer subjektiven Vorlieben zu sehen.

Aber woran erkenne ich denn, was meine Seele wünscht? Wenn ich Lust habe, mich zu besaufen, und mich hinterher miserabel fühle, ist das ja wohl nicht der Wunsch meiner Seele?!

Warum nicht?

Weil ich mir die Seele so nicht vorstelle! Sie inkarniert sich ja wohl nicht in mir, um mein Versagen zu erleben!

Warum nicht?

Du meinst, das ist meine Bestimmung?

Es ist zunächst einmal interessant, dass du als ein Mensch, der unregelmäßig und wenig Alkohol trinkt, dieses Beispiel wählst.

Aber kommen wir doch auf die Märchen zurück: Schneewittchen und Aschenputtel verrichten „niedere Arbeiten", gemessen am Königinnen-Ideal. Das ist Teil ihrer Bestimmung.

Niemand erreicht einen Gipfel, wenn er nicht im Tal gewesen ist. Und wenn er nicht das Risiko des Absturzes auf sich genommen hat. Und wer sich dafür entscheidet, im Tal zu bleiben, der will vielleicht das Tal einmal überschauen und klettert deshalb auf den Berg. Und auch das Verbleiben im Tal birgt Risiken in sich. Zum Beispiel durch Lawinen.

Wie willst du von außen feststellen, wer von beiden seiner Bestimmung gemäß lebt – der, der im Tal bleibt oder der, der auf den Berg steigt?

Aber wie finden sie es selbst heraus?

Eine wichtige Frage für viele Menschen. Lass mich noch einmal rekapitulieren: Jeder Mensch kommt mit einer Bestimmung auf die Welt. Diese erschafft er aber erst in diesem Leben, und zwar unbeabsichtigt!

Dies ist eine Dichotomie. Der erste Teil ist wahr, aber für euer praktisches Leben nicht anwendbar. Der zweite Teil ist immens wichtig für euch, weil er für euch verständlich und praktikabel ist. Jeder Mensch ist, wie es eine eurer Redensarten sagt, hin und hergerissen. Zwei Kräfte wirken in ihm, und ich drücke das jetzt vom Fühlen her aus: Die eine Kraft drückt, treibt, schiebt, und die andere zieht.

Und ich muss mich dafür entscheiden, welcher Kraft ich folge?

Beide Kräfte haben ihre Berechtigung im Leben. Es gilt, das rechte Maß zu finden, und das ist die Entscheidung eines jeden Menschen. Es gibt keine allgemeingültigen Richtlinien dafür.

Bitte erläutere mir die Herkunft und Wirkungsweise dieser Kräfte.

Das, was dich anzieht, was einen Sog auf dich ausübt, worauf du Lust hast, ist das, wozu du auf die Welt gekommen bist. Es gibt Dinge und Menschen, die brauchst du, um vollständig zu sein. Das heißt aber nicht, dass du sie besitzen musst. Nur die Beschäftigung mit ihnen ist nötig, um vollständig zu werden. Besitzenwollen ist die andere Kraft: ein Drang, ein Druck. Geboren aus der Angst.

Das Anziehende kommt aus der Liebe. Sein oder Haben – zwei unterschiedliche Motivationen.

Du meinst, wenn ich etwas besitzen will, ist das ein Bedürfnis, das aus Angst geboren ist? Und wenn ich etwas sein will, dann kommt das aus der Liebe?

Diese Wortspiele, die du von Erich Fromm hast, treffen den Kern der Sache nicht vollständig. Nehmen wir doch ein Beispiel. Ein Mensch interessiert sich für Medizin. Wie kommt es zu Krankheiten? Wie wird man gesund, welche Heilungsmöglichkeiten gibt es? Hier handelt es sich offensichtlich um die Liebe zu einer Sache, um Liebe überhaupt. Es zieht ihn an.

Im Gegensatz dazu gibt es Menschen, die wollen gern Arzt werden. Das ist ein sehr anerkannter Beruf. Man kann kranken Menschen helfen. Man verdient recht ordentlich. Also machen sie das Staatsexamen in Medizin und beginnen zu praktizieren. Diese Menschen erlangen einen Status, aber – dieser ist aus Angst geboren. Angst ist nicht Furcht, wie man sie vor dem bissigen Hund des Nachbarn hat, wenn er vor einem steht. Angst ist einfach Abwesenheit von Liebe, das Gefühl, etwas haben oder sein zu müssen, nicht weil dasjenige so anziehend für dich ist, sondern weil es allgemein in der Gesellschaft als erstrebenswert gilt. Im Prinzip befriedigt man damit sein Bedürfnis, in der Gesellschaft anerkannt zu sein.

Das sind harte Worte. Wer in unserer Gesellschaft handelt denn nur aus Liebe?

Und wenn ich auf die gesellschaftliche Anerkennung durch Diplome oder Berechtigungsscheine ganz verzichte, dann verbietet mir die Gesellschaft meistens ganz die Berufsausübung.

In der Tat ist eure Gesellschaft nicht auf Liebe, sondern auf Angst begründet. Und das ist es auch, was dir Angst macht, deiner Bestimmung gemäß, auf Liebe oder, anders gesagt, auf dein innerstes Wünschen begründet, zu handeln. Denn jeder, der gesellschaftliche Normen durch sein Handeln in Frage stellt, geht das Risiko ein, von der Gesellschaft ausgestoßen zu werden.

Was ist dann mit den so genannten Alternativen? Die setzen sich doch zunehmend durch! Viele glauben, darin schon Anzeichen des beginnenden Wassermann-Zeitalters zu erkennen.

Die meisten Alternativen sind nur verbal alternativ. Oder sie richten sich in Nischen ein, die die Gesellschaft ihnen einräumt, mit ähnlicher Funktion wie früher der Hanswurst, der Narr am Königshof.

Auch du hast die Wahl, eine solche Nische zu besetzen. Und weigerst du dich, dich darauf zu beschränken, dann bekommst du Probleme, weil du für die Gesellschaft ein Problem wirst. Eines ist so oder so klar: Wer bei seinem Tun auf die Zustimmung der Gesellschaft schielt, ist von ihr abhängig und begeht Götzendienst. Er dient nicht Gott, denn Gott, seinen *eigenen* Gott, kann man nur in sich selbst finden.

Also ist Anerkennung etwas, das man nicht anstreben sollte?

Sollen oder nicht sollen: Jeder entscheidet selbst, was er tun will. Es gibt da von meiner Seite aus keine Wertung. Die Frage ist doch, was du mit einem Verhaltensmuster erreichen willst.

Ob jemand anerkannt ist oder nicht, ist also auch kein Maßstab für die Qualität seines Tuns?

Nein.

Einfach nur nein? Kein Kommentar, keine Einschränkung?

Nein.

Wenn es mich nun zu etwas hinzieht, das durchaus unvernünftig ist, gegen alle Normen und Regeln, was dann?

Antworte du selbst!

Bitte?

Damit hast du dich doch schon oft auseinander gesetzt. Wie ist dein Ergebnis?

Mein Ergebnis ist nicht ganz klar.

Eben. Es gibt hier auch kein Richtig oder Falsch.
Die Frage ist doch, wo du mehr Freude, mehr Liebe erfährst – bei deinem Tun außerhalb der Normen oder im „Schoß" der Gesellschaft. Das muss man individuell beantworten.

Du hast, glaube ich, gesagt, dass wir uns alles selbst erschaffen. Heißt das, wir können auch etwas Neues erschaffen? Also einmal angenommen, wir haben eine Krankheit erschaffen oder ein miserables soziales Umfeld, oder die totale Pleite. Können wir das einfach neu und anders erschaffen?

Leicht!

Leicht? Erkläre mir bitte, wie das geht. Mir fällt da eine Menge ein, was ich gern neu und anders erschaffen würde.

Kennst du das Märchen vom Fischer und seiner Frau? Du selbst hast es in einem Seminar so gedeutet, dass die Wünsche der beiden immer in Erfüllung gehen. Sogar als sie Gott sein wollen. Aber seltsam: Dann sitzen sie wieder in ihrer alten Hütte!

Willst du damit sagen, dass man Gott oder sich selbst am nächsten ist, wenn man arm ist?

Nicht arm zu sein ist wichtig, sondern bedürfnislos zu sein ist der Schlüssel zur Erlösung. Solange du etwas unbedingt willst, bekommst du vielleicht alles Mögliche, aber nicht dein Glück.

Warum ist das so?

Weil der Mensch nur Glück erfährt, wenn er in Übereinstimmung ist. Alle Schichten seines Wesens müssen positiv angesprochen sein, auch und vor allem die tiefsten Schichten seines Wesens. Dies ist nur der Fall, wenn er völlig in Übereinstimmung mit dem göttlichen Plan ist. Lass mich das noch einmal genauer ausführen ...

Das wäre wirklich sehr nett von dir, denn – darf ich einen Einwand bringen?

Ja, gut.

Wenn wir nur glücklich sind in den Momenten, in denen wir den göttlichen Plan erfüllen, dann ist unser freier Wille eigentlich eine Farce!

Das kann man so nicht sagen! Es gibt jede Menge Möglichkeiten, ein wenig Freude, Liebe und Glück zu erleben. *Vollkommenes Glück* hingegen beinhaltet immer das Annehmen des göttlichen Willens. Und, bevor da Widerspruch kommt: Man hat immer verschiedene Möglichkeiten, diesen göttlichen Willen zu erfüllen. Die Übereinstimmung des individuellen mit dem göttlichen Willen ist der einzige Garant für Glück. Und sie ist die einzige Möglichkeit, Glück dauerhaft zu erleben.

Übrigens – wenn dies der Fall ist, dann bist du „wunschlos" glücklich. Du kannst es dir leisten, keine Wünsche zu haben, in dem Bewusstsein der Gewissheit, dass sich jeder Wunsch leicht und unmittelbar erfüllt.

Solange ich noch Wünsche habe, solange ich also etwas anderes will, solange bin ich noch nicht so weit, das ist die Konsequenz aus dem, was du sagst.

Nein, hör zu, ich habe gesagt: weil jeder Wunsch sich leicht erfüllt. Wünsche sind schon noch da! Sie sind aber nicht dringend. Erinnere dich an die Unterscheidung zwischen Druck und Anziehung.

Aha, ja! Das Ego drückt und treibt mich an, die Seele übt eine Anziehung auf mich aus. Das meinst du, nicht?

Genau.

Also bin ich dann in Übereinstimmung mit meiner Seele, und mein Ego spielt keine Rolle mehr?

Vorsicht! Solange du einen Körper hast, brauchst du die Mechanismen, ihn zu erhalten. Aber auch das Überleben wird dann leicht erledigt. Worauf ich aber noch einmal zurückkommen will, ist Folgendes: Wenn du etwas willst, mit einem Druck, unbedingt, dann ist der Wunsch nicht aus Liebe, sondern aus Angst geboren. Er dient daher nicht deinem Glück.

Ich habe mir immer gewünscht, mehr Erfolg zu haben, mehr Geld, mehr Ansehen. Das sind wohl solche Wünsche, nicht wahr?

Bei dir ja! Es war der Wunsch nach Status, ein Geltungsbedürfnis. Im Mittelpunkt zu stehen und damit nicht unbedeutend zu sein. Aber nicht in jedem Fall! Weder bei dir noch bei anderen lässt sich alles über einen Kamm scheren. Denn Erfolg, zum Beispiel, ist ja nichts Schlechtes. Wenn du keinen Erfolg hast, kann deine Wahrheit sich nicht verbreiten. Erfolg ist also oft nicht nur für das Ego wichtig, sondern auch für die Seele.

Nimm ein einfaches Beispiel: Ein Mensch bereitet ein Essen zu. Für die Familie, für Freunde. Erfolg bedeutet ja nur, dass das Essen auch wirklich zustande kommt, dass nichts anbrennt, nichts ungenießbar wird. Und ein solcher Erfolg ist gewünscht. Wenn der Koch aber nur kocht, um hinterher gelobt zu werden, weil er seinen Status erhöhen will, dann geht es nur um sein Ego. Normalerweise wirst du hier, wie überall, eine Mischung aus beiden Antrieben vorfinden.

Ja, das verstehe ich.

Dir, dir persönlich, kann ich sagen, dass du manchmal zu streng mit dir warst, dich selbst – und andere – als Egomanen beurteilt hast, auch wenn das so nicht stimmte. Damit hast du manchmal deinen Erfolg verhindert, wo er für deine Seele in Ordnung gewesen wäre. Du siehst, es ist nicht heilsam, zu urteilen.

Danke! Was mich immer noch nachdenklich macht, ist deine Formulierung, es sei leicht, etwas Neues zu erschaffen.

Nun, wenn du mit dem göttlichen Willen in Übereinstimmung bist, dann brauchen wir wohl nicht lange darüber nachzudenken: Du brauchst deinen Wünschen nur Gestalt zu verleihen, sie auszusprechen, an ihrer Verwirklichung zu arbeiten, und schon erschaffst du alles. Das Neuerschaffen ist umso schwieriger, je weiter du dich mit deinen individuellen Wünschen von den Wünschen deiner Seele entfernst. Aber auch dann ist es möglich.

Ich habe bei Walsh gelesen, dass der Ausdruck „Ich will ...“ den Mangel festschreibt und damit die Wunscherfüllung verhindert.

Dem widerspricht die praktische Erfahrung. Du sagst: „Ich will etwas essen“, gehst zum Kühlschrank und tust es. Also?

Aber wenn ein Verdurstender sagt: „Ich will Wasser“, dann drückt er ja seinen Wassermangel aus. Schafft er nicht allein dadurch, durch seine Ausdrucksweise, den Mangel bzw. verfestigt er ihn?

Wo immer Walsh das her hat, es ist wohl nur für ihn gültig.

Das Buch heißt „Gespräche mit Gott“!

So kannst du dieses Buch auch nennen, mit dem gleichen Recht!

Bring mich bitte nicht durcheinander! Ich leide schon manchmal darunter, dass man mich nicht ernst nimmt. Sollen die Leser nun glauben, dass ich jetzt ernsthaft übergeschnappt bin? Für manche ist „Gespräche mit Gott“ eine Art Bibel!

Das ist es auch! Allerdings bin ich der Meinung, dass jeder seine eigene Bibel schreiben sollte. Aber Spaß beiseite! Walshs Wahrheit ist immerhin anregend. Sie ermutigt den Leser, Dogmen zu überprüfen und Gott im eigenen Inneren zu suchen. Nichts anderes tust auch du. Aber für „Gespräche mit Gott“ gilt, was auch für dieses Buch gilt: Es erspart nicht das eigene Hinschauen. Jeder, der den Text eines Buches als Dogma für sich übernimmt, lebt nicht aus sich heraus und entfernt sich dadurch von seinem Glück, auch wenn es zunächst anders scheinen mag.

Du meinst also, es stimmt nicht, was du *Walsh gesagt hast?*

Du willst mich provozieren! Wie du wohl weißt, bin ich nicht GOTT. Und wie du wohl weißt, spricht auch Walsh nicht mit GOTT. Im Koran, in der Bibel, in der Bhagavadgita, nirgendwo steht ein Wort von GOTT! Das ist prinzipiell ausgeschlossen, denn GOTT ist jenseits von Raum und Zeit! Und wenn er in euer Universum käme, würdet ihr ihn nicht erkennen, denn er ist schon drin, aber eben nicht direkt wahrnehmbar.

Er offenbart sich, aber indem er sich offenbart, ist er, absolut gesehen, nicht mehr GOTT. Und das heißt, dass jede „göttliche Offenbarung" für den Augenblick und den Ort gilt, wo sie entsteht. Du selbst bist eine göttliche Offenbarung, und jeder Mensch ist das, und alles, was existiert. Wenn du durchlässig genug bist, dann ist deine Offenbarung von höherer Bedeutung, von Bedeutung auch für andere Menschen und für andere Zeiten. Dies gilt für dich, dies gilt auch für Walsh.

Also zurück zu deiner Aussage: Ja, in den „Gesprächen mit Gott" steckt göttliche Offenbarung, aber sie ist nicht identisch mit deiner Offenbarung. Ich möchte das Thema nicht vertiefen, denn mir geht es nicht darum, dass ihr beide, Walsh und du, einem Wettbewerb ausgesetzt seid, wer denn nun mehr göttliche Offenbarung transportiert. Hier geht es nicht um unreife Spielchen.

Ich will dem Leser nicht vorenthalten, dass dieser Teil unseres Dialogs jetzt, nach Fertigstellung des Urmanuskripts, eingefügt wird. Im Urmanuskript hast du den Text von Wash bestätigt.

Darum schreiben wir diese Passage neu. Beschreibe bitte deinen Lesern, wie das zustande kam.

Okay, also ich bin jetzt, wo ich dies niederschreibe, auf La Gomera. Während einer Wanderung kam mir plötzlich in den Sinn, dass dieser Teil des Urmanuskripts irgendwie nicht in Ordnung war. Ich habe ihn noch einmal durchgelesen und hatte dabei ein starkes Unbehagen. In der Nacht danach habe ich übrigens vom Teufel geträumt, das erste Mal in meinem Leben. Hat das etwas zu besagen?

Nicht in diesem Zusammenhang. Erzähl weiter!

Heute morgen habe ich eine Whale-Watching-Tour mitgemacht. Wir haben Dutzende von Grindwalen gesehen und auch gehört. Ich bin vor Aufregung mit voller Kleidung ins Meer gefallen, zwischen die Wale. Jetzt sitze ich in einem Eiscafé, wollte mich eigentlich nur erholen und verwöhnen, und schreibe mir die Finger wund.

Das Meer ist in Raum und Zeit die vollkommenste Entsprechung für Gott. Wesen aus dem Meer haben sich dir gezeigt, haben dich begleitet, und du bist, so wie du bist, ins Meer eingetaucht, sozusagen selbst zu einem Wesen des Meeres geworden. Muss ich erläutern, was da geschehen ist?

Für mich nicht! Für die Leser vielleicht?

Nein! Wer das nicht versteht, hat gar nicht bis hierhin gelesen. Wale und Delphine gehören übrigens zu den wenigen tierischen Inkarnationen, die euch Menschen und der Menschheit insgesamt helfen können. Schont sie!

Zurück zum Urmanuskript. Als du diesen Teil des Urmanuskripts niedergeschrieben hast, warst du sehr stark emotional in den Todeskampf deiner Frau verwickelt. Du warst nicht so offen, wie du jetzt bist. Und das kann ich verstehen, du nicht?

Ich weiß gar nicht mehr, wie ich damals überhaupt etwas schreiben konnte.

Du hast gegen Mariannes Tod und damit gegen den göttlichen Willen gekämpft, und damit hast du deine Kanäle für das Unbewusste teilweise verstopft. Andererseits, in der Verzweiflung öffnen sich neue Kanäle! Wie im Märchen, wo der Held verzweifelt, weil er die Aufgabe nicht lösen kann, und dann erscheint unvermutet Hilfe.

Ja. Und du warst meine Hilfe, meine einzige *Hilfe!*

Wunscherfüllung

Ja. Das ist so! Das ist immer so! Ich bin deine einzige Hilfe.

Danke! Übrigens ist das ein schwaches Wort für eine starke Empfindung.

Ich weiß! Du musst es nicht für deine Leser besonders herausarbeiten. Wenn du nicht von einer tiefen Dankbarkeit erfüllt wärest, die jenseits aller Phrasen ist, so wäre dieses Gespräch niemals zustande gekommen. Aber jetzt zurück an die Arbeit!

An die Arbeit?

Das ist doch nur eine Redewendung! Also gut, spielen wir weiter! Was ist die Voraussetzung dafür, dass ein Wunsch in Erfüllung geht?

Vielleicht ein möglichst klares Bild dessen, was ich eigentlich will?

Ja, richtig. Allerdings: Je konkreter das Bild ist, desto wahrscheinlicher ist, dass es sich um eine Vorstellung von dir handelt, die nicht mit deiner Wirklichkeit übereinstimmt. Es geht also nicht um konkrete Bilder, sondern um klare Bilder.

Das bedeutet ja wohl, dass ich mir Klarheit verschaffen muss darüber, was ich eigentlich will!

Was du *wirklich* willst.

Ich habe einmal gelesen, dass man seine Wünsche immer weiter hinterfragen soll. Dann kommt man letztlich an seine Urängste heran und an seine Urwünsche. Beispiel: Jemand wünscht sich eine Beförderung. Es kann sein, dass er dies wünscht, um sich und seiner Frau zu beweisen, dass er imstande ist, die Familie zu ernähren. Dahinter kann dann eine Existenzangst stecken oder der Wunsch, anerkannt zu sein usw. Beim Hinterfragen des Wunsches kommt man häufig an einen Punkt, an dem sich der Wunsch, den man hat, so weit relativiert, dass man ihn aufgibt.

Natürlich kann man das tun. Aber dies ist keine Handlungsanweisung, die allgemein gilt. Wer sagt dir, dass du die wirkliche Urmotivation überhaupt findest? Es ist alles unter Umständen viel komplexer, weil ein ganzes Bündel von Erwartungen hinter den Wünschen steckt. Also: Erfülle dir doch einfach deine Wünsche!

Und wie genau?

Mit den Details müsst ihr euch schon selbst herumschlagen. Allgemein gilt: Mach dir ein möglichst klares Bild davon, was du wirklich willst. Stell dir dann vor, du hättest das Gewünschte bereits. Wie fühlst du dich dann? Wie fühlt sich deine Umwelt? Vielleicht hat ja die Erfüllung deines Wunsches Auswirkungen auf deine Familie, Freunde, Kollegen? Wenn du bei alledem ein gutes Gefühl hast, dann beginne damit, es zu verwirklichen.

Die Grundbedingung dafür ist also ein klares Bild, hinter dem ich emotional ohne Einschränkung stehe?

Ja, so geht es am leichtesten. Und dann beginne zu handeln. Sprich darüber mit Menschen, die dir wohlgesonnen sind. Sie sollten frei von Missgunst sein, nicht am Scheitern deines Wunsches interessiert! Lass dich da nicht täuschen! Eltern, Partner, Freunde, Kollegen, jeder kann ein Interesse daran haben, dass du einen bestimmten Plan nicht realisierst! Dies ist ihnen übrigens selbst meistens nicht bewusst. Im Zweifel schweige lieber und rede erst, wenn durch dein Handeln alles ohnehin offensichtlich wird.

Und ich kann wirklich wünschen, was ich will?

Ja. In diesem Universum steht jedem alles zur Verfügung, vorausgesetzt, er hat den Schlüssel dazu. Jegliche Form der Manifestation ist, grob gesprochen, verdichtete Lebensenergie. Lebensenergie aber ist im Überfluss, in beliebiger Menge überall auf der Welt präsent. Es handelt sich also nur um die Aufgabe, dieses überall vorhandene „Material" zu verdichten. Das ist das Prinzip.

Das nützt mir aber nichts, wenn ich nicht weiß, wie ich es verdichten kann.

Darauf kommen wir später. Noch einmal: *Objektiv gibt es keinen Mangel.*

Was ist, wenn ich in der Wüste Wasser brauche?

Wozu gehst du in die Wüste? Die Antwort ist, weil du Wassermangel erfahren willst. Gut, angenommen, du bist in der Wüste, deine Wasservorräte sind zu Ende, und du hast Durst. Zunächst einmal ist das kein Zufall, sondern ein Schicksal, also ein – wahrscheinlich unbewusster – Wunsch der Seele. Du selbst hast dich also in diese Situation hineinmanövriert, ohne es zu wissen.

Das ist pervers. So kann man jede Notlage als selbstverschuldet und sogar selbst gewollt definieren. Ein deportierter Jude im KZ hatte seine Situation selbst herbeigeführt und gewünscht?

Ich habe nicht gesagt, dass das alles leicht zu verstehen ist. Und vor allem könnt ihr es nur schwer akzeptieren. Sieh mal, euer Problem besteht darin, dass ihr eure Sicht auf euer begrenztes Leben in diesem Universum einschränkt. Ihr seid aber nicht nur in diesem Universum, ihr seid nicht nur in Zeit und Raum!

Aus globaler Sicht ist jeder von euch nur ein Teil eines Größeren, der Erfahrungen machen will. Spezifische Erfahrungen, für die er sich das passende Umfeld schafft. Allein der Umstand, dass es Wüsten gibt, ist eure Erfindung. Sie macht das Lebensprinzip klarer sichtbar.

Du bist nicht aus Zufall in deine Welt geraten, sondern du hast dir ein passendes Umfeld geschaffen und bist dort hineingeboren. Dieses Umfeld, deine Familie, dein Milieu, dies alles war notwendig, um deiner Bestimmung gemäß zu leben. Ebenso ist es mit der Wüste. Wenn du hineingehst, erschaffst du diese Erfahrung. Wenn du nach einem Flugzeugabsturz in der Wüste landest, ebenso.

Der Wunsch nach Wasser ist dann natürlich auf eine Notlage deines Körpers zurückzuführen. Unter Druck ist der Geist aber nicht sehr schöpferisch, ein Wünschen unter Druck schafft sogar neue Probleme.

Also muss ich verdursten!

Unter Umständen ja! Wenn du es nicht schaffst, den Geist von dem Druck, der vom Körper ausgeht, zu befreien, dann bist du ausgeliefert. Und weißt du, was dann passiert?

Sag`s mir!

Dann ist die Gefahr groß, dass du glaubst, zu verdursten. Du schaffst in dir dieses Bild. Und dieses Bild ist ...

... schöpferisch! Es erschafft die Situation!

Du erschaffst diese Situation mittels dieses Bildes! – Lebensenergie verdichtet sich zu Materie mit Hilfe von Bildern. Man könnte auch von geistigen Formen oder Strukturen sprechen.

Wie die Ideen Platons? Oder die morphogenetischen Felder, von denen Rupert Sheldrake spricht?

Genau so. Ohne diese Ideen wäre die Materie nicht existent. Sie ist nur dazu da, die Ideen ins Leben zu bringen, Erlebnisse und Erfahrungen möglich zu machen.

Diese geistigen Bilder gibt es auch in anderen Dimensionen, aber dort materialisieren sie sich nicht so wie bei euch, sie bleiben psychische Realitäten. Dadurch sind sie flüchtiger und können leichter geändert oder durch neue Bilder ersetzt werden. Das können sie bei euch zwar auch, aber es erfordert mehr Energie!

Problematisch ist es also, wenn ihr Negativbilder in euch habt: „Das schaffe ich sowieso nicht!“, „Ich bin zu alt dafür!“, „Meine Krankheit lässt das nicht zu!“ usw. So etwas schreibt Negativität fest, ja es erschafft sie.

Heißt das etwa auch, ich soll Krankheit nicht annehmen?

Annehmen ist immer gut! Aber damit ist gemeint, es als von dir selbst Geschaffenes anzunehmen. Nicht als integralen Teil deiner Persönlichkeit.

Eine Krankheit gehört grundsätzlich nicht anders zu dir als dein Nachbar oder der Regen, nicht anders als alles, was dir begegnet! Alles kommt und geht, und es kommt und geht wieder. Wie du es willst. Nimm es an, befasse dich damit, lass es los, erlöse dich davon. Wenn es dir keine Freude bringt, trenne dich ruhig davon.

Und wie bringe ich das zustande?

Durch Vertrauen in deine Schöpferkraft. Durch Dankbarkeit für deine Schöpferkraft. Und dadurch, dass du ein positives Bild von dir pflegst. Gott sei Dank ist in einer Notsituation, wie oben beschrieben, die Schöpferkraft sehr gering. Die Rettung kommt dann nur, wenn man sich in sein Schicksal ergeben hat oder wenn man die Hoffnung behalten hat. Oder natürlich, wenn sie im ursprünglichen Plan vorgesehen war.

Aha! Kann denn auch etwas passieren, was ursprünglich nicht vorgesehen war?

So detailliert ist der Plan nicht. Das Ziel ist klar, und notwendige Erfahrungen sind klar. Aber erinnere dich daran, dass es sowieso *eure* Pläne sind, die ihr verwirklicht, nicht meine. Ganz abgesehen davon, dass sie identisch wären.

Zu unserem konkreten Beispiel: Ich müsste also versuchen, meinen Geist unabhängig von den Bedürfnissen des Körpers zu halten? Dann könnte ich eine Veränderung der Situation erschaffen?

Ich gebe dir keine Handlungsanweisungen, sondern erkläre die Mechanismen. In der Tat ist es so, dass Denken unter äußerem Druck meistens nicht so schöpferisch ist. Es gibt aber auch Situationen, wo der Druck so groß ist, dass das Denken aussetzt und statt dessen dein Selbst die Führung übernimmt. Das sind die Situationen, in denen du spontan, ohne die Sachlage zu überblicken, absolut richtig handelst. Dein vordergründiges Bewusstsein macht dem allwissenden Unbewussten Platz und erlaubt ihm, dein Handeln zu bestimmen. Das weißt du aber erst hinterher.

Dies kann jedoch auch ohne Druck in ganz normalen Lebenslagen geschehen und schließlich zu einem dauerhaften Lebensstil werden.

Wenn dies deine Wahl ist, dann handelst du spontan und bewusst in Übereinstimmung mit deinem innersten Wesen, in Übereinstimmung mit Gott. Du verströmst Heil. Du bist heilig.

Und dann bin ich von meinem Körper und seinen Bedürfnissen unabhängig?

Richtig gesehen bist du das immer. Denn du bist mehr als dein Körper, du als Seele. Du hast auch mehr als nur einen Körper, und du lebst auch in allen Zeiten. Aber als personifizierte, in Raum und Zeit inkarnierte Seele hast du einen Körper, und solange du dich dazu entschließt, mit ihm zusammenzubleiben, wirst du den Körper erhalten. Wenn du soweit bist, dass du im ständigen Bewusstsein deines göttlichen Ursprungs lebst, kannst du mittels seiner unerschöpflichen Schöpferkraft deinen Körper auch erhalten, ohne seine Bedürfnisse zu erfüllen. Aber die meisten halten dies nicht für angemessen, weil sie keine besondere Aufmerksamkeit erregen wollen. Übrigens bist du auch als manifestierter Teil der Seele nicht wirklich vom Körper abhängig.

Wieso das denn nicht? Ist es nicht so, dass ich ohne meinen Körper wieder Seele bin, also meine Individualität als ICH verliere?

Das tust du nicht! Du bleibst du, nach deinem Tod. Du hast neue Möglichkeiten, dich als Teil des Ganzen zu erleben, aber du bleibst individuell. Schau mal, du nimmst deine Vorstellungen und Anschauungen mit und behältst sie nach dem Tod, vorerst zumindest. Das kann „Himmel" oder „Hölle" sein, je nachdem! Und, abhängig von dem Bewusstsein, das du als Mensch erlangt hast, wirst du nach dem Tod weiterleben. Das natürlich ohne deinen materiellen Körper, aber du wirst einen Körper behalten, nämlich einen geistigen Körper.

Ihr nennt das manchmal den feinstofflichen Körper. Darüber möchte ich jetzt aber nicht mit dir sprechen. Es führt uns vom Wege ab. Wenn du dauerhaft in Übereinstimmung mit Gott lebst, heilig bist, dann bist du ein für alle Mal erlöst. Das heißt, du *weißt*, dass dir alles zur Verfügung steht. Du kannst der Schöpfung und dir selbst vertrauen. Du *willst* nichts, denn du *hast* alles, *bist* alles. Da jedem alles als Potenzial zur Verfügung steht, reicht die Bekräftigung, dass du etwas hast oder bist, zusammen mit der Entscheidung, entsprechend zu handeln. Die Voraussetzung dafür ist natürlich Vertrauen.

Der Knackpunkt scheint mir das Handeln! Nehmen wir ein Beispiel: Ein Mensch ist gelähmt. Soll er sich nun geistig bestätigen, dass er sich frei bewegen kann? Und was soll er dann tun?

Ich sehe, du vertraust nicht in deine Schöpferkraft.

Doch, aber ...

Nicht wirklich. Und das tun die meisten Menschen nicht, auch und gerade diejenigen, die sich mit Affirmationen und positivem Denken befassen. Lass es mich doch noch einmal erklären. Es ist wie im normalen Leben. Erfolg ergibt sich aus ständiger Wiederholung, die eigentlich eine ständige Neuschöpfung ist. Die Verbindungsstelle zwischen deinen geistigen Bildern und deiner Schöpferkraft ist dein Empfinden. Was du denkst, erschaffst du nur, wenn es aus deinem Empfinden kommt. Und das tut es nur, wenn es vollständig zur Grundstruktur deiner Inkarnation passt.

Du hast dich, wie schon gesagt, mit dem Wunsch inkarniert, gewisse Prinzipien zu erleben und zu erfahren. Wünsche, die nicht in Übereinstimmung mit diesem Ur-Wunsch sind, sind einfach nur Vorstellungen, die eigentlich nichts mit dir zu tun haben. Darum erfüllen sie sich entweder nicht oder nicht auf Dauer. Denn sie erfüllen sich, wenn sie sich erfüllen, auf Kosten der dir bestimmten Erlebnisse, und sind deshalb zum Scheitern verurteilt. Übrigens kann auch das Scheitern eine von dir unterbewusst gesuchte Erfahrung sein.

Aber ich leide darunter, wenn es geschieht! Was kann ich tun, um Leiden, sei es körperlich oder seelisch, auf das notwendige Maß zu reduzieren?

Es ist ein gutes Zeichen für dein Bewusstsein, dass du so vorsichtig formulierst. Leiden ist völlig unnötig und gleichzeitig absolut erforderlich. Lass es mich dir erklären. Leiden ist nur eine Fata Morgana. Die Seele kann gar nicht leiden. Um die Erfahrung von Leid machen zu können, muss sie in die Dualität hinabsteigen. Und das ist auch einer der Gründe, warum sie inkarniert. Insofern ist Leiden absolut erforderlich. Das ist, was ihr als Menschen auf eurer Ebene als Leiden erlebt.

Sobald du dich aber daran erinnerst, dass du eine unsterbliche Seele bist, ist Leiden unmöglich. Als unsterbliche Seele kannst du schließlich nicht leiden. Daher kannst du nur interessiert, erstaunt, überrascht zusehen, wie dein Körper oder dein Geist in Situationen gerät – sich Situationen schafft! –, in denen er sich nicht wohl fühlt. Der Körper fühlt sich nicht wohl, der Geist fühlt sich nicht wohl, aber die Seele tut genau das: Sie freut sich am Wechselspiel des Lebens in der Dualität.

Du meinst also, wenn ich mich an meinen Ursprung erinnere, dann hört das Leiden in meinem Bewusstsein auf?

Genau so ist es. Deshalb hatten und haben große Meister keine Angst. Sie gehen ihren Weg unbeirrt.

Unter diesen Umständen könnte das ja jeder, das ist dann nichts Besonderes!

So ist es. Es ist schließlich nichts Besonderes für dich, du selbst zu sein. Du musst dich nur dafür entscheiden. Und das auf Dauer.

Du meinst also nicht, man müsste dafür körperliche oder geistige Übungen machen, Meditation, Beten, Yoga, Qi Gong oder so etwas? Ich muss mich nur entscheiden?

Du kannst dich entscheiden, jederzeit. Wozu? Dazu, du selbst zu sein. Das zu tun, was dich wirklich anzieht. Auf dein inneres Wünschen zu hören und danach zu handeln.

Da mache ich eventuell viel falsch.

Wenn das so ist, dann ist das so. Und es ist gut. Wer sagt dir, dass du perfekt sein sollst? Du kannst nicht wissen, ob deine Putzfrau und dein Steuerberater erleuchtet sind. Vielleicht leben beide vollkommen aus ihren inneren Antrieben und Notwendigkeiten heraus. Du weißt auch nicht, wenn du Schwerkranke, Invalide, Häftlinge, psychisch Kranke, „Verlierer" und „Versager" siehst, ob sie nicht vollkommen sind, in Übereinstimmung mit ihrem eigenen Selbst.

Darum enthalte dich aller Wertung und Bewertung, vor allem aber jeder Verurteilung: Du kannst fremde Menschen nicht bewerten, und du sollst auch dein eigenes Tun nicht bewerten. Schau nur nach, ob es deinem Innersten entspricht. Wenn ja, mach weiter. Wenn nein, probiere etwas anderes aus! Unter diesen Umständen kannst du nichts Schlechtes tun. Im Übrigen ist jedes „Leid" dann nur ein Fingerzeig dafür, dass du diese Erfahrung noch wünschst! Der Weg durch das Erleben erscheint euch schwer, aber in Wirklichkeit ist er der einfachste Weg, der Königsweg zu euch, zu mir.

Ich bin irgendwie verwirrt! Das geht mir etwas schnell. Darf ich das Ganze noch einmal rekapitulieren? Sozusagen den Zwischenstand festhalten, was das Wünschen und Wollen betrifft?

Bitte!

Die Seele und das Ego

Es gibt meine Seele und es gibt mich. Ich bin ein Teil meiner Seele, der sich nicht an das Ganze erinnert. Der in Begrenzungen lebt, fühlt und denkt, weil er sich dessen nicht bewusst ist, dass er mehr ist als dies. Dass er göttlichen Ursprungs ist.

Und dies ist nicht trauriges Schicksal, sondern von der Seele gewünscht. Die Seele will sich selbst erleben, um ihre Qualitäten erfahren zu können. Dazu gehören Erfahrungen aller Art, Erfahrungen, die wir als positiv, und Erfahrungen, die wir als negativ beurteilen. Ist das so weit richtig?

Ja. Mach weiter!

Es ist also der Wunsch der Seele, in dieser Inkarnation ganz bestimmte Erfahrungen zu machen. Dies ist meine Bestimmung. Und ich bringe die genau dazu passenden Anlagen mit. Und ich erschaffe mich und meine Umwelt so, dass ich diese Erfahrungen machen kann. Oder machen muss?

Beides! Vom Prinzip her kannst du nicht anders, als diese Erfahrungen zu machen. Wenn du das Erleben annimmst, führt dies zu einer Lösung, zur Erlösung. Wenn nicht, geht das so lange weiter, bis du es annimmst, in immer neuen Varianten.

Das heißt also, ich muss diese Erfahrung machen, und ich werde sie auf jeden Fall machen. Und dies hängt doch offensichtlich mit unseren Wünschen zusammen.

Richtig! Wir haben bereits von den zwei Arten von Wünschen gesprochen.

Wenn uns etwas anzieht, dann handelt es sich um einen Wunsch der Seele. Wenn es uns antreibt, wenn wir uns äußerlich oder innerlich gedrängt fühlen, etwas zu tun, dann ist das ein Wunsch unseres Egos. Und dessen Wünsche zielen darauf ab, Erfahrungen zu vermeiden.

Richtig! Weiter!

Das Ego, das im Prinzip unser Körper ist, ...

Stopp! Es ist der Körper! Jedenfalls so, wie du es gerade beschreibst, ist es ohne Einschränkung nur der Körper.

Und alles, was sich daraus ableitet, oder? Also auch der Intellekt, der dazu dient, den Körper in seiner Funktionsfähigkeit zu erhalten?

Auch wenn viele Leser das wahrscheinlich nicht ohne Probleme annehmen können, kann man den Intellekt zum Ego zählen. Ebenso alle Mechanismen, die der Absicherung dienen, wie der Wunsch, sich in einem Gemeinwesen zu organisieren. Dies alles ist vom Ego gesteuert und dient, ganz wertfrei betrachtet, der Fähigkeit der Inkarnation, zu überleben. Und hier haben wir eine neue Dualität: Erleben und Überleben.

Das Ego will überleben, die Seele will leben.

Erleben, ja! Sie will durch die Struktur des Egos Leben fließen lassen. Und das widerspricht den Zielen des Egos, das aus Gründen der eigenen Sicherheit das Leben unter Kontrolle halten will. Und deshalb auch ein unkontrolliertes und unkontrollierbares Fließen verhindern will.

Also stehen sich Seele und Ego unversöhnlich gegenüber? Und ziehen unvermeidbar in unterschiedliche Richtungen?

Das tun sie! Das Ego sucht Sicherheit und will sich auf dieser Basis reaktiv durchsetzen. Reaktiv heißt, es reagiert direkt oder indirekt auf die Umwelt.

Die Seele will etwas anderes, sie ist einfach offen für Leben, für ihr eigenes Erleben, für Erfahrungen. Aus der Sicht der Seele ist daher das Ego eine spannende Sache! Denn, erinnert euch, die Seele ist unabhängig vom Körper. „Bevor" sie den Körper erschafft und sich mit ihm verbindet, kann sie ja schon leben und Erfahrungen machen. Aber in den anderen Dimensionen sind die Erfahrungen nicht so dauerhaft, weil dort die Materie fehlt. Deshalb ist genau das, was du als Problem ansiehst, für die Seele faszinierend: Ihr könnt eure Erfahrungen nicht so leicht beeinflussen wie in anderen Dimensionen.

Nimm deinen Geist als Beispiel: Stell dir in deinem Geist eine Szene vor, einen Dialog mit einem Nachbarn. Du kannst diese Szene sehr leicht beeinflussen, sie verändern, sie mehrfach in unterschiedlichen Varianten ablaufen lassen usw.

Diese Möglichkeiten hast du im konkreten Erleben in Raum und Zeit nur rudimentär. Dadurch wird das Erleben intensiver, sei es angenehm, sei es unangenehm. Es ist durch den Körper, durch das Ego und durch die ihm innewohnende Angst beeinflusst – die Angst, das Angenehme zu verlieren und die Angst, das Unangenehme nicht ändern zu können. Mit anderen Worten: die Angst, das Erleben nicht kontrollieren zu können. Und deshalb ist der Körper für die Seele faszinierend, deshalb hat sie ihn geschaffen. Was die Seele eigentlich fasziniert, ist genau diese vom Körper und vom Ego transportierte Erfahrung von Leid, von Widerstand, Unwissenheit und Unzulänglichkeit, die euch als Menschen so sehr beeinträchtigt. Noch mehr allerdings faszinieren sie eure Versuche, diese Erlebnisse zu vermeiden, die Strategien, die ihr entwickelt, um sie zu verdrängen. Vor allem aber eure Versuche, zur Erlösung zu kommen, sind für die Seele eine absolut interessante Erfahrung, die sie übrigens auch aktiv unterstützt, indem sie euch mit Schicksal konfrontiert. Diese Art von Erfahrungen kann die Seele in anderen Dimensionen nicht machen, nicht diese Erfahrung von Leid, und auch nicht die Erfahrung des Gegenteils.

Weil eine Erfahrung ohne die Erfahrung des Gegenteils nicht sein kann.

Du hast es verstanden. Das Ego hat Angst, immer! Es kennt seinen Status: seine Vergänglichkeit, Instabilität, Verletzlichkeit usw. Darum hat es Angst und sucht nach Sicherheit. Angst ist, wie inzwischen allgemein bekannt sein dürfte, das Gegenteil von Liebe. Angst treibt uns in den Perfektionismus, in immer weiter gehende, das Leben erstickende Sicherheitssysteme, in die Krankheit.

Und diese Erfahrung von Angst, Leid, Unsicherheit sucht die Seele? Was ist, wenn jemand daran kaputtgeht? Seelisch oder körperlich? Findet die Seele das lustig? Findest du *das lustig?*

Niemand geht kaputt. Oder alles geht kaputt, richtiger gesagt. Was auf dasselbe hinausläuft. Alles fließt, hat einmal jemand ganz richtig gesagt. Das Leben ist im Fluss, und wie der Fluss immer derselbe zu sein scheint, wissen wir doch, dass das Wasser immer wieder neu ist. So ist auch das Leben. Und das ist nicht philosophisch gemeint. Der Umstand, dass du heute so bist wie du gestern warst, ist darauf zurückzuführen, dass du es so willst! Und übrigens bist du nicht identisch mit demjenigen, der du gestern warst.

Das ICH

Aber wer bin ich denn? Bin ich mein Ego, oder bin ich meine Seele? Und wenn ich eins davon bin, wieso gibt es dann Probleme?

Das ist eine sehr gute Frage. Wir müssen das einmal auseinander nehmen. Eigentlich bist du die Seele. Diese Seele hat sich inkarniert, und zwar haben sich, genau genommen, in dir einige Aspekte der Seele inkarniert. Inkarnation heißt, einen Körper anzunehmen. Wir könnten das, was dabei entstanden ist, als ICH bezeichnen. Dieses ICH besteht aus einem Seelenanteil und dem dazugehörigen Körper. Der Seelenanteil ist also eigentlich nur ein Teil deiner Seele.

Dies ist in eurem Universum schwer zu verstehen. Vielleicht hilft es dir zu wissen, dass es mehr Dimensionen als die euch bekannten drei oder vier Dimensionen gibt. Und die Seele ist ein komplexes Etwas in höheren Dimensionen, das in eurem Universum nicht in seiner Komplexität erfahren werden kann, weil ihr die fünfte, sechste und höhere Dimensionen nicht wahrnehmt.

Irgendwo habe ich einmal ein Beispiel gelesen: Wenn etwas oder jemand nur in zwei Dimensionen Erfahrungen machen könnte, dann würde es oder er etwas Dreidimensionales als zweidimensionale Fläche wahrnehmen.

Das Beispiel ist sehr gut! Und es gäbe für dieses zweidimensionale Etwas praktisch keine Möglichkeit, die dreidimensionale Realität zu erfassen. Und so ist es auch für euch unmöglich. Wenn ich also von einem Seelenanteil spreche, dann wäre das in deinem Beispiel eine Fläche, die nichts anderes sein würde als ein Schnitt durch einen Körper. Das bedeutet nicht, dass dieser Seelenanteil vom Rest der Seele abgesondert wäre, sondern das Problem ist nur, dass ihr die Seele nicht als Ganzes wahrnehmt. Und das ICH, von dem ich sprach, ist so etwas wie das begrenzte Bewusstsein dieses Seelenanteils, das wiederum nur ein Teil des Gesamtbewusstseins ist. Also nur in der Wahrnehmung davon getrennt erscheint. Das bedeutet übrigens, dass deine Seele gleichzeitig mehrfach und zu verschiedenen Zeiten inkarniert sein kann – und *ist*.

Kannst du mir das erklären?

Das ist, für dich und für euch, nur Theorie mit geringem praktischen Wert. Worauf es mir ankommt, ist, dir zu zeigen, dass das ICH nur *scheinbar* begrenzt ist, weil seine Wahrnehmung begrenzt ist. Genau wie sich eines deiner Beine nicht an dich als Gesamtperson erinnern würde. Trotzdem ist da eine Erinnerungsmöglichkeit. Denn natürlich steckt in jedem Teil von dir dein Gesamtbewusstsein.

Und so steckt auch in mir das Bewusstsein meiner ganzen Seele.

Und damit Gottes Bewusstsein. Ja. Die Frage ist nur, worauf man seine Wahrnehmung richtet. Beschränke ich sie auf meine Dimension und deren Erfordernisse? Oder richte ich sie darüber hinaus auch noch auf andere Dimensionen? Das ist eine Frage der Reife, wie man sich entscheidet.

Wir lernen uns also allmählich immer mehr selbst kennen.

Es ist ein Erinnerungsprozess. Wie nach einer Amnesie, wenn man sich allmählich wieder an sein Vorleben erinnert.

Dann ist die Geburt gewissermaßen ein Unfall, der die Amnesie verursacht.

So kannst du es ausdrücken. Und wie jeder Unfall ist auch die Geburt gewollt, auch wenn die Folgen subjektiv nicht immer gern getragen werden.

Unfälle sind auch gewollt?

Alles Schicksal ist gewollt. Es wird nur auf Anforderung geschickt. Daher gibt es keinen Grund zur Klage. Wenn einem etwas nicht gefällt, dann wünscht man etwas anderes. „Man", das ist das ICH, von dem wir eben gesprochen haben. Aber das ICH kann nur kurzfristig Wünsche erfüllen, die die Seele belasten. Weil es selbstverständlich die Folgen davon zu tragen hat, und die sind dann natürlich nicht angenehm, allerdings auch gewünscht, da selbst hervorgerufen. Aber auch das kann man natürlich und leicht ausschalten – wofür macht das ICH schließlich Erfahrungen? Erfahrung allerdings entsteht aus bewusstem Erleben. Verdrängung führt nicht zur Erfahrung, ebensowenig wie bloße Reflektion!

Noch einmal auf den Punkt gebracht: Also, ich habe mir etwas gewünscht. Das war aber nicht gut für die Seele, denn mein Wunsch war es, gewisse Aspekte des Unbewussten aus meinem Leben auszuschließen. Mich stattdessen abzusichern, mich als Person – anstatt im Fluss des Lebens zu stehen und es auf mich zukommen zu lassen oder mitzuschwimmen. Dieser Wunsch hat für mich negative Folgen, durch welchen Mechanismus auch immer. Ich werde vielleicht krank. Wenn es sehr gravierend war, werde ich vielleicht unheilbar krank oder behalte irreparable Schäden zurück, eine Lähmung, Parkinson, Alzheimer, Aids oder so etwas.

Du meinst also erstens, das sei gewünscht, und du meinst zweitens, das könne man einfach wieder ausschalten. Mit dem Ersten habe ich wenig Probleme, obwohl du es noch einmal erläutern könntest. Das Zweite bedarf dringend einer Präzisierung. Die Frage lautet hier: Wie mache ich das? Theorie ist ja schön und gut, aber was konkret macht ein Schwerkranker? Oder ein vom Schicksal Gebeutelter, ein Obdachloser, ein unfreiwilliger Emigrant, ein Häftling, ein Soldat im Krieg, ein Arbeitsloser?

Wir brauchen eine Anleitung oder zumindest einen Wegweiser. Ich war jetzt gerade auf einer Gesundheits- und Esoterikmesse, da gab es eine große Zahl von Angeboten, was man für sein Glück tun könne. Man verliert die Übersicht. Ich selbst verliere auch schnell das Vertrauen, dass überhaupt etwas davon einen Sinn und Nutzen hat!

Krankheit ist gewünscht von euch, wie alles, was euch zustößt. Dies meint nicht einen aktiven Wunsch eures ICH. Es meint, dass eurer Seele diese Erfahrung zuträglich ist, insofern, als diese Erfahrung euch für das Unbewusste öffnet. Und gerade das will euer Ego nicht, weil es dadurch infrage gestellt wird. Weil seine scheinbare Geschlossenheit aufgebrochen wird. Weil es nichts liebt, was seiner Kontrolle nicht zu unterwerfen ist, also auch seine Seele nicht, was man am Ausdruck „meine Seele“ schon erkennt. „*Meine* Seele“ beinhaltet die Aussage, dass die Seele mir gehört. In Wahrheit bist du ein Teil der Seele, der als *ein* Ausdrucksmittel dieser Seele (neben vielen anderen) voranzustellen ist.

Die Seele wünscht die Krankheit auch nur in dem Sinn, dass sie sie als eine der vielen möglichen Erfahrungsmodalitäten annimmt. Sie würde auch anderes annehmen, was ihr die gewünschten Erfahrungen verschafft. Dass es nun gerade die Krankheit ist, die erlebt wird, um die Erfahrung zu machen, liegt an unserem ICH, das der betreffenden Erfahrung einen anderen Weg ins Erleben verweigert. Und damit eine Situation erschafft, in der die Erfahrung sich den Weg selbst bahnen muss. Auch das ist ein schöpferischer Akt. Für die Seele ist die eine Erfahrung so gut wie die andere.

Wir können also nicht die Verantwortung für unser Schicksal abgeben an unsere Seele, an Gott, an außerpersönliche Mächte, den Teufel oder Ähnliches. Jeder Mensch schafft aus seiner eigenen Begrenztheit heraus Erlebens- und Erleidens-Situationen, die ihm gemäß sind, ganz gleich ob er sie als angenehm oder bedrückend empfindet. Der „Anteil von ihm, der unbegrenzt ist“, also in Wahrheit das Wesen, dessen begrenzter Ausfluss er ist, erlebt all dieses frei von Leiden, mit Freude und Liebe. Wenn ein Mensch sein Bewusstsein auf diese Ebene erhebt, kann er auch in diesem begrenzten Universum inmitten von Leid seine Freude – und Liebe – leben. So ist der Ausspruch „Vergib ihnen, denn sie wissen nicht, was sie tun“ ein Ausfluss dieses höchsten Bewusstseins, das Jesus Christus verkörperte.

Loslassen

Ich danke dir für diese klare Antwort auf den ersten Teil meiner Frage. Was mir auf den Nägeln brennt, ist der zweite Teil: Wie kann man ein Problem wieder beseitigen? Hätte Jesus den Kreuzestod verhindern können?

Lass uns dies unterscheiden! Jesus Christus hat sich, wie andere Menschen auch, vollständig an seinen verborgenen Anteil am Göttlichen erinnert, hat also die Bezeichnung „Sohn Gottes" zu Recht, und als solcher kennt er keinen Tod und kein Leid. Dass sein Körper von der Kreuzigung nicht begeistert war, ist natürlich leicht vorstellbar. Aber ihn selbst, dessen Bewusstsein alle Aspekte des relativen und absoluten Lebens umfasste, berührte diese Erfahrung nicht negativ, wenn man davon absieht, dass er das Leid seiner Freunde und die Verstrickung seiner Feinde bedauerte. Ein Mensch in seinem Bewusstseinsstatus stellt die Frage gar nicht, ob und wie er etwas hätte verhindern können. Was kommt, das kommt, seien es nun Folgen des kollektiven Tuns oder Folgen des persönlichen Handelns. Man kann sich dann sogar als eine Art Blitzableiter für kollektive Schuld zur Verfügung stellen.

Aber du fragst eigentlich nach dir selbst, nach deiner Frau, deinen Kindern, Freunden und Bekannten. Also nach Menschen, die sich noch nicht oder, richtiger, *noch nicht vollständig* an ihren Status als unsterbliche Seele erinnern und sich deshalb in Raum und Zeit gefangen fühlen. Die deshalb Angst haben, Angst vor dem Sterben, Angst vor Trennung, Angst vor Verlust an sozialem Ansehen und Geld. Die, wenn sie Schmerzen empfinden, diesen Schmerzen ausgeliefert sind. Die ihren Gefühlen ausgeliefert sind. Die ihren Vorstellungen ausgeliefert sind. Die ihren Vorstellungen über das Leben ausgeliefert sind.

So sind wir?

So seid ihr: ausgeliefert und voll Angst. In diesem Universum von Raum und Zeit. Doch nicht wirklich, in eurer Heimat jenseits von Raum und Zeit. Aber hier und jetzt. Und das ist, wie schon dargelegt wurde, gewünscht. Keine Seele ist gezwungen, bei euch auf der Erde zu inkarnieren. Und jede Seele weiß, wie es bei euch zugeht. Aber es ist ein

Unterschied, es zu wissen oder es zu erleben. Jeder weiß, dass er im Löwenkäfig gefährdet ist. Aber wenn man trotzdem hineingeht, ist das Erleben doch von völlig anderer Qualität als das theoretische Wissen.

So ist es auch mit eurem Leben. Ihr habt es gewählt, und jetzt, wo ihr mittendrin steckt, stellt ihr fest, dass das Erleben sehr intensiv ist. Positiv wie negativ. Wobei euch nur das Negative stört. Obwohl auch das Positive in eurem Leben mit dem Stigma des Vergänglichen behaftet ist und daher Angst erzeugt. Das Einzige, was in diese Welt hineinragt aus der Zeitlosigkeit, ist die Liebe.

Heißt das, der Weg, aus Problemen wieder herauszukommen, Missstände abzuschaffen, Krankheiten zu beseitigen, ist die Liebe?

Die Liebe ist ein Weg. Nicht der einzige Weg, denn sie ist, genauer gesagt, ein wesentlicher Bestandteil des Weges. Das Wort „Liebe" ist bei den Menschen aber so sehr mit Werturteilen, Vorurteilen und Vorstellungen aller Art besetzt, dass es fast schon kontraproduktiv ist, es in diesem Zusammenhang zu benutzen. Ich bevorzuge daher das Wort Erinnerung. Erinnerung an die wahre Natur. Bewusstsein. Bewusstsein der Einheit allen Lebens. Bewusstsein ist Erinnerung, die im Lichte der „neuen" Erfahrungen eine Bereicherung erfährt.

Ein schönes Paradoxon: Das, was alles umfasst, lernt sich selbst kennen und erweitert sich dabei! Das ist der Genuss und die Freude der Seele im Spiel des Lebens – im Spiel der Realität des beschränkten Relativen. Und das ist das Heil eines jeden Wesens: die Erinnerung an seinen wahren Status. In diesem Erinnern relativiert sich jedes menschliche Problem und belässt uns die absolute Freiheit der Wahl: die Erde zu verlassen oder dort zu bleiben und im Problem zu leben, oder dort zu bleiben und das Problem zu beseitigen.

Eure Probleme sind immer aussichtslos, immer tragisch, wenn ihr euch nicht den Erinnerungen eurer Seele und dem euch daraus zuströmenden Heil öffnet. Auf der Ebene der Dualität habt ihr immer den Schmerz, nur entweder das eine oder das andere leben, erfahren, haben zu können. Im Zeitablauf könnt ihr variieren: ein paar Jahre arm, ein paar Jahre reich, eine Zeit in Deutschland, eine Zeit in Afrika, usw. Aber diese Zeit ist für euch, und erscheint euch auch, als begrenzt.

Die Lösung des Problems besteht in der Erinnerung daran, dass ihr *die ganze Zeit* alle Möglichkeiten habt, weil sozusagen nur die Spitze des Eisbergs hier in euch sichtbar ist. Ihr habt den Rest vergessen, der in den Wassern des Unbewussten jederzeit für euch und alle präsent, aber nicht verfügbar ist. Diesen Rest in den Wassern, der euer Programm, euren Lebensplan aufgestellt hat, und *der ihr selbst seid.*

Wenn ihr euch daran erinnert, wer ihr in Wirklichkeit seid, könnt ihr alles sofort, in einem Augenblick, ändern, wenn ihr es denn wollt. Und damit habe ich das Ziel schon einmal beschrieben.

Zu diesem Ziel gibt es eigentlich keinen Weg. Die alten Inder haben in diesem Zusammenhang ganz richtig von einem „weglosen Weg“ gesprochen. Die Vorstellung, der Mensch und vor allem der menschliche Geist (nur der kann gemeint sein) würde sich in immer größere Höhen schrauben, ist manisch und hat mit dem eben beschriebenen Ziel nichts zu tun. Selbstüberhebung und Selbstüberschätzung sind ungeeignet. Sie behindern die Erinnerung.

Und bis wir am Ziel angelangt sind, sind wir also ausgeliefert?

Ich verstehe. Du würdest gern schon auf dem „Weg“ ein paar von den Möglichkeiten haben, ein wenig oder auch ein wenig mehr Freiheit. Gab es in deinem Leben Situationen, die du verändern konntest, und die du auch tatsächlich verändert hast?

Selbstverständlich! Viele!

Gab es auch Situationen, die du verändern wolltest, aber nicht verändern konntest?

Ja, öfter.

Das heißt, diese Situationen bestehen noch?

Nein, irgendwie haben die sich aufgelöst oder verändert.

Irgendwie? Wie, glaubst du, ist das geschehen? Und warum? Wer oder was hat das verursacht?

Ich sehe ein, dass offensichtlich auch auf dem Weg schon Einiges an Freiheit und Möglichkeiten für uns herausspringt. Aber dennoch ist es zu Zeiten so, dass wir unglaublich stark in Situationen festsitzen, die uns die Luft abdrücken! In ausweglosen Situationen, von denen wir glauben, dass sie uns irgendwie nicht gemäß sind.

Ja, ich habe diese Situationen geschaffen!

Du? Gott? Oder wer?

Ich und du! Ich bin du! Dein Unterbewusstsein, das an den Urgrund des Lebens angeschlossen ist. Deine unsterbliche Seele, die du fälschlicherweise als etwas von dir Getrenntes betrachtest. Wir haben diese Situationen geschaffen, gemeinsam mit allen, die daran beteiligt waren. Und wir schaffen sie neu, täglich, stündlich, jeden Augenblick neu. Die Situationen, in denen du dich besonders eingeengt fühlst, ausweglos, wie du sagst, sind deshalb so ausweglos, weil du sie kontrollieren willst. Je stärker der Versuch ist, sie zu kontrollieren, desto auswegloser scheinen sie. Hier gilt: loslassen. Die Situation loslassen, dich selbst loslassen, deine Vorstellungen davon, wie das Leben zu sein hat, loslassen. Oder eben nicht loslassen und drin bleiben. Du hast die Wahl. Jeder hat die Wahl.

Vergiss bitte nicht, dass die meisten Menschen es vorziehen, in ihren bekannten Handlungs- und Denkmustern zu bleiben, selbst wenn sie dabei leiden! Irgendwo tief innen weiß jeder, dass irgendetwas nicht in Ordnung ist, dass man sich verrannt hat, dass man falsche Prioritäten setzt, dass man fremdbestimmt ist. Aber man bleibt lieber, wie und wo und was man ist.

Eben! „Ich will so bleiben, wie ich bin!“ war einmal ein Werbeslogan. Ihr habt die Wahl. Meistens entscheidet ihr euch aber für das, was alle machen. Aus einem Herdentrieb heraus! Und damit leite ich zum nächsten Punkt unseres Dialogs über: der Mensch und die Gemeinschaft. Auf Krankheit und Heilung werden wir zweifellos auch in diesem Zusammenhang wieder zu sprechen kommen. Und sie aus einem anderen Gesichtswinkel sehen. Nun: Du und der Rest der Welt. Das Individuum und die Gemeinschaft. Allein oder gemeinsam. Das werden unsere folgenden Themen sein.

III.
INDIVIDUUM UND GEMEINSCHAFT

Alleinsein

Schon wenn wir auf die Welt kommen, sind wir nicht allein. Wir wachsen im Schoß der Mutter auf und werden von ihr geboren, oft mit Hilfe anderer. Und wir kommen im statistischen Normalfall in eine Familie und wachsen dort auf. Dann gehen wir zur Schule, zur Arbeit, gründen selbst eine Familie und sterben in Begleitung anderer. Einmal abgesehen von der Qualität dieses Miteinanders: Mir scheint, wir sind vollständig auf ein Leben in einer Gemeinschaft ausgerichtet.

Ja! Und nein! Nur der Vollständigkeit halber – der Mensch kommt auf die Erde, nicht auf die Welt. Das klingt vielleicht pedantisch, ist es aber nicht. Du existierst bereits vor deiner Geburt, und dies nicht nur unmanifest, sondern auch als „konkretes, fassbares" Geistwesen. Und als solches bist du, wie auch als Mensch, allein. Allein verantwortlich. Allein schöpfend. Allein seligmachend. Und du bist in Gemeinschaft. Gemeinsam verantwortlich. Gemeinsam schöpfend. Gemeinsam seligmachend.

Du willst mir sagen, dass sich vor der Geburt bereits Einsamkeit und Geselligkeit abwechseln?

Einsamkeit ist eine Wertung in eurer Weltsicht. In Wirklichkeit gibt es keine Einsamkeit, weil es kein Alleinsein gibt. Einsamkeit ist ein Gefühl, das entsteht, weil ihr euch für getrennt von allem anderen haltet. Aber das seid ihr ja nur oberflächlich, auch wenn es eure Erfahrung in der Realität ist. Aber davon einmal abgesehen: Ihr seid nie allein. Immer seid ihr umgeben von Materialien, Elementen, Pflanzen, Tieren, Menschen, Geistwesen.

Auch im Gefängnis in Einzelhaft?

Auch da! Und gleichzeitig seid ihr immer allein. Denn alles, was um euch ist, lebt und wird, das ist ein Teil von mir, von uns, von dir. Wir sind alle eins, all-eins, und deshalb allein. Gott selbst war allein. Dies ist ein Grund, warum er dieses Spiel begonnen hat, das ihr Leben nennt. Dafür war der Fall aus der Einheit, der Sündenfall, notwendig. Und ebenso haben die vielen Seelen, die dabei entstanden, sich in einzelne Aspekte aufgeteilt, sich zu verschiedenen Personen entwickelt. Und ihr Menschen, die ihr solche Seelenanteile manifestiert, haltet es nicht alleine aus, weil ihr Anregung wünscht. Und ihr schafft deshalb eine Umgebung, in die ihr eure Eigenschaften hineinprojiziert, denen ihr begegnen möchtet, mit denen ihr interagieren möchtet, die ihr kennen lernen möchtet, die ihr als Kontrast zu euch erfahren möchtet und so weiter.

Der Chef, der uns drangsaliert, der Polizist, der uns einen Strafzettel verpasst, der Mann, der nachts bei uns einbricht, die habe ich alle selbst geschaffen?

Ja. Genauso wie die Menschen, die wir lieben, die uns fördern, die uns anregen. Ja.

(...)

Das Drehbuch des Lebens

Aber das hast du großenteils schon vor deiner Geburt getan.

Du meinst, ich habe vorher festgelegt, wem ich begegnen werde, mit wem ich Beziehungen aufnehme usw.? Das muss ja für die Seele langweilig sein! Wie ein Film, den man das zweite Mal sieht.

Der Vorgang ist zu kompliziert, um ihn mit Gewinn für euch zu beschreiben. Stell es dir so vor: Viele Seelen beschließen, ein Drehbuch zu verwirklichen, in dem sie in unterschiedlichen Rollen agieren. Diese Rollen sind nicht so starr festgelegt wie in einem Filmdrehbuch, und es gibt auch keine strenge Regie. Aber es gibt ein Szenario, und diese Rollen beinhalten bestimmte Qualitäten, also körperliche, geistige und seelische Eigenschaften, die natürlich nicht immer gut mit denen der anderen Mitspieler harmonieren.

Ich denke, es gibt nur einen von uns!

Lass uns die Ebenen sauber trennen. Jenseits von Raum und Zeit, jenseits von aller Form gibt es nur dich. Oder mich. Oder Gott. Oder das Absolute. Nenn es, wie du willst. Sobald dieses eine Form annimmt, fügt es einzelne Qualitäten zusammen, bildet es sozusagen Klumpen von Qualitäten, die dann eine Form bilden und bedeutsam werden. Dies alles geschieht immer noch in der geistigen Welt, ich rede also von geistigen Formen.

Das *Eine* ist ohne Qualität, enthält aber virtuell alle Qualitäten, wie die Farbe Weiß alle Farben enthält. Die verschiedenen Formen beschließen, sich Materie zu schaffen und diese zu beleben, um sich ausagieren zu können. Und so entsteht ein überaus komplexes Muster von Formen, die alle in sich auch den Wunsch zur Begegnung mit anderen Formen tragen, auch mit Formen, die sie in irgendeiner Weise beschränken und eventuell sogar zerstören. Denn jeder Form wohnt auch der Wunsch nach ihrer Auflösung inne.

Diese Formen wären dann die Seelen.

Die Seelen sind übergeordnet, wenn wir einmal die Vorstellung beiseite lassen, dass es nur eine Seele gibt. Es gibt in jeder Seele unterschiedliche Formen, eigentlich Ideen im Sinne Platons, die „gleichzeitig" ins Leben wollen. Gleichzeitig aus der Sicht der Seele heißt unter Umständen zu verschiedenen Zeiten in eurer Sichtweise. Die Seele ist also die Hüterin der Formen.

Die Formen brauchen „eure" Zeit, um sich entfalten zu können. Die Seele spielt damit und freut sich an der Vielfalt. Und freut sich daran, dass die einzelnen belebten Formen, also du zum Beispiel, sich miteinander tummeln, wie junge Hunde. Und sie freut sich noch mehr, dass die einzelnen belebten Formen, die Individuen, sich immer öfter, immer bewusster, immer klarer an die Seele erinnern. Daran, dass sie Teil eines Ganzen sind. Und sie freut sich, dass manche Formen, manche Individuen, sich so vollständig erinnern, dass sie das Spiel noch mitmachen, dabei aber schon die Freiheit der Seele genießen können.

Denn der Spieler, das Individuum, ist von der Form her gebunden. Aber die Seele ist frei. Wenn der Spieler realisiert, dass er auch der Regisseur des gesamten Szenarios ist, fällt es ihm wie Schuppen von den Augen: *Er ist ja frei!* In diesem Augenblick kann er, wenn ihm danach ist, das Szenario verändern. Er ist wirklich frei.

Andererseits – wenn ich frei bin und sehe, dass alles nach dem Plan der Individuen verläuft, warum sollte ich dann etwas ändern? Es reicht, wenn ich denen, die darum bitten, ein paar Hilfestellungen gebe, die es ihnen erleichtern, sich ihrerseits an ihren wirklichen Status von Freiheit zu erinnern und damit ebenso frei zu werden.

Also kann ich mich vom gebundenen Spieler zum freien Spieler, der auch Regisseur ist, entwickeln? Vielleicht sogar zum Drehbuchautor?

In Wirklichkeit seid ihr das ja schon, das heißt eure Seele, die ihr hier repräsentiert. Frei werden heißt nur, euren Status zu erkennen.

Aber nochmals: Ist es nicht langweilig, ein Drehbuch nachzuspielen? Der Plan ist ja vielleicht sehr schöpferisch, aber wir Menschen müssen das jetzt nachvollziehen, ob wir wollen oder nicht!

Das Drehbuch ist nicht zu verwechseln mit dem Drehbuch zu einem Film. Überhaupt handelt es sich hier nur um eine Veranschaulichung, die nicht im Entferntesten mit der Wirklichkeit konkurrieren kann. Das „Drehbuch" legt nicht fest, was geschieht, sondern es enthält nur eine Reihe von „Erfahrungsfenstern". Vielleicht sollte man sie „Fenster der Gelegenheit" nennen. Das heißt, in euer Leben, das im Übrigen so vor sich hin plätschert, scheinen, wie durch ein Fenster, immer wieder Möglichkeiten. Sie scheinen wie die Sonne durch das Fenster. Sie tun nichts in dem Sinn, dass ihr ihnen ausgeliefert wärt, wie einem unfassbaren Schicksal. Sie scheinen auf, sie drängen ins Bewusstsein, ins Empfinden.

Was sind das für Möglichkeiten? Prüfungen, Versuchungen? Chancen?

Ihr habt in eurer Sprache kein wirklich passendes Wort. Es ist wie eine Mischung aus euren Begriffen: Möglichkeit, Chance, Anregung, Schicksal, Botschaft Gottes.

Eigentlich ist es so, dass Formen auf dich einwirken. Geistige Formen, geistige Bilder, Ideen. Sie können auch als Menschen personifiziert auftreten. Die Begegnung mit diesen Formen ist unabhängig von deinem Wollen jetzt, sie ist vorgeburtlich festgelegt. Übrigens sollten wir, um das Ganze zu relativieren, klarstellen, dass Zeit als lineares Phänomen nur in eurer Realität Gültigkeit hat, dass eigentlich alles *jetzt* geschieht und daher nur für euch als Nacheinander wirkt. Aber aus eurer Sicht stellt es sich so dar.

Um jetzt wieder auf unser Thema zurückzukommen: Wir *brauchen* Gesellschaft, weil sie immer ein Fenster der Gelegenheit ist. Durch den Kontakt mit Menschen hat die Seele ein mächtiges Werkzeug, das

Individuum mit den Möglichkeiten, Chancen und Gelegenheiten zu konfrontieren, die es braucht, um das zu tun, was es von Anfang an will: sich zu erinnern, seine wahre Natur zu erkennen und frei und glücklich zu werden.

Wenn wie durch ein Fenster Chancen aufscheinen, wir ihnen aber nicht eigentlich ausgeliefert sind, warum fühlen wir uns dann so oft ausgeliefert?

Weil die Gelegenheiten, die aufscheinen, *eure* Gelegenheiten sind, Gelegenheiten zu etwas, das ihr tief in eurem Inneren wünscht, oft überlagert von dicken Schichten von Konvention, Anpassung und Sicherheitswünschen! Es sind die Gelegenheiten, euer Verdrängtes herauszulassen und damit zum Teil eurer Persönlichkeit zu machen, die euch als Probleme erscheinen. Sie sind nicht problematisch, ihr macht sie dazu!

Aber zurück zum Thema: Wir wollten über Gemeinsamkeit und Alleinsein sprechen. Aus übergeordneter Sicht gibt es weder Alleinsein noch Gemeinschaft in dem Sinne, wie es von dir und deinen Mitmenschen verstanden wird. Und die Lösung eurer diesbezüglichen Probleme liegt natürlich auch auf einer anderen Ebene. Es ist aber gut zu verstehen, was eigentlich geschieht.

Also fangen wir an: Wie wäre es mit dem Thema „Familie"? Wie bin ich gerade in meine Familie gekommen, und warum haben wir so oft Probleme in den Familien? Warum scheint die Institution „Familie" ein Anachronismus zu werden?

Familie *ist* ein Anachronismus! Jedenfalls so, wie ihr sie konzipiert habt. Ich rede jetzt von den letzten Jahrzehnten. Aber auch von den letzten Jahrtausenden. Es gibt mehrere Probleme mit eurer „Familie":

1.) die Institution der Ehe,
2.) das Konzept, Eigentümer anderer Menschen zu sein,
3.) das allgemeine Herden-Problem mit allen seinen damit einhergehenden Problemen,
4.) das Problem des Individuums an sich.

Die beiden letzten Probleme sind universal, die beiden ersten sind kulturspezifisch, allerdings zur Zeit überall auf der Erde (Kulturen gibt es zur Zeit nicht).

Es gibt keine Kulturen?

Es gibt Zivilisation, aber Kultur gibt es nicht innerhalb eurer Gemeinschaften, sondern nur bei Einzelnen, die als Randerscheinung von der Gesellschaft geduldet werden. Aber dazu später. Womit wollen wir anfangen?

Die Herde

Fangen wir mit Herden-Mechanismen allgemein an und schauen dann, was uns das erklärt.

Es gibt verschiedene Arten von Zusammenschlüssen. Manche sind zweckgerichtet wie eine Gruppe, die ein gemeinsames Ziel verfolgt und nach Erreichen des Ziels wieder auseinander geht. Dies tun manche Raubtiere. Manche Beutetiere organisieren sich in Herden, um sicher zu sein. Sicher vor Raubtieren. Hier zählt nur die möglichst vollständige Einordnung in das Herdengefüge. Allein hat man keine Überlebenschance. Und Individuen, die sich nicht einfügen, gefährden die Sicherheit aller. Hier haben wir schon die wesentlichen Problematiken genannt: Die vollständige Einordnung ist essentiell notwendig, und mangelnde Einordnung wird bestraft, notfalls durch Ausschluss aus der Herde. Und – der oder die Schwächste bleibt auf der Strecke.

Eine Herde entsteht aus Unsicherheit und Angst. Und das ist der Grund, warum eure Gesellschaft, euer Staat, ja selbst eure Zweckzusammenschlüsse wie Sportvereine, Firmen, Familien und das Militär als Herden organisiert sind. Sie haben alle eines gemeinsam: Ihre Mitglieder haben Angst. Sie schließen sich nicht aus Liebe zusammen, sondern aus Angst davor, allein zu sein. Dies gilt auch für die meisten Ehen und Partnerschaften.

Und darum habt ihr eure Gemeinschaften so gestaltet, dass sie euch unterdrücken, unterwerfen und eurer Freiheit berauben. Das gilt im Übrigen für *alle* Gemeinschaften, auch für religiöse. Es sei denn, *man trifft sich in Liebe*. Dann findet aber kein Zusammenleben statt, sondern ein Austausch. Und „Austausch" ist das Zauberwort für die Zukunft der Menschheit. Austausch zwischen Mann und Frau, Eltern und Kindern, Menschen und der Natur, Mensch und Erde, Mensch und Gott!

Lass mich das bitte einmal rekapitulieren. Unsere Gemeinschaften sind als Herden organisiert. Sie unterdrücken ihre Mitglieder und bestrafen sie, wenn sie sich nicht unterwerfen. Und dies betrifft alle *Gemeinschaften. Ist das richtig?*

Ja.

Dies gilt auch für religiöse Gemeinschaften, die Kirchen zum Beispiel?

Ja.

Und für Ehepaare und Familien?

Ja.

Das scheint mir eine ungemein harte Beurteilung! Nicht dass mir diese Idee nicht schon einmal gekommen wäre, aber da war ich frustriert. Aber du – bist du frustriert? Sei einmal positiv!

Ich bin neutral. Ihr habt beschlossen, euch so zu organisieren, und ich lasse euch nicht nur die Freiheit, ich liebe euch auch noch!

Ihr seid aber nicht einfach Tiere, also auch keine Beutetiere. Das ist wichtig zu betonen. Daher ist für Menschen die Organisation in der Herde eine Bestätigung des Gefühls, „Beute" zu sein. Und es ist so, wie ihr es organisiert habt, eine Einschränkung des Menschseins, das im freien Willen und in der Kreativität des Individuums zum Ausdruck kommt.

Es führt kein Weg an dieser Erkenntnis vorbei: Ohne Liebe ist jede Gemeinschaft eine Unterdrückung des Individuums. Und mit Liebe meine ich nicht ein romantisches Gefühl oder ein geistiges Konzept, das selbst zur Zwangsjacke wird.

Wie kann das Konzept von Liebe zur Zwangsjacke werden? Ich dachte, Liebe befreit?

Die Zwangsjacke ist das *Konzept*. Und das Konzept „Liebe" herrscht dort vor, wo wahre Liebe fehlt. Wie wir früher schon sagten: Es ist der Mangel, über den wir reden. Was wir haben, müssen wir nicht betonen.

Wenn wir das Leben lieben, dann leben wir es einfach – und lieben alles. Uns selbst, die Mitmenschen, die Natur, Gott, alles. Liebe schließt nichts aus, weil sie eine natürliche Folge der Wahrnehmung ist, dass wir alle eins sind. Wir *alle* sind eins. Gut oder schlecht – das ist eine Bewertung, die nichts mit Liebe zu tun hat. Christ oder Moslem, Idealist oder Materialist, Schwarz oder Weiß, alles ist Teil der Einheit.

Dieses Wissen schafft zwar keine Liebe, ist aber hilfreich dabei, sie zu entfalten. Bewusstsein oder Erinnerung, mit anderen Worten Wissen im tieferen Sinne des Wortes ist erforderlich. Und Wissen ist eine Kombination aus Vorinformation und Erfahrung.

Du meinst, wir sollten einfach einmal so tun, als wären wir mit allen eins, und dann unsere Erfahrungen machen?

Genau, sehr gut! Du hast es im Ansatz verstanden. Und dann verstehst du sicher auch, warum eure Gemeinschaften dem im Wege stehen. Erklär's mir!

Ich dachte, dafür bist du da! Du, der alles weiß!

Erklär's mir! Ein bisschen Denken tut dir ganz gut. Es strukturiert dich!

Also gut. Alle unsere Gemeinschaften definieren sich über bestimmte Merkmale und/oder Verhaltensweisen; entweder du erfüllst diese Kriterien, dann gehörst du dazu. Oder nicht, dann bleibst du außen vor.

In euren Gemeinschaften gibt es das Konzept „Dazugehören". Und es ist sehr wichtig. Verstehst du?

Nein.

Warum muss jemand dazugehören oder außen vor bleiben? In der Einheit ist es völlig sinnlos, so zu denken und zu empfinden. In der Liebe gibt es *kein* Dazugehören und auch kein Zusammengehören, sondern nur freie Wesen, die sich so annehmen, wie sie sind. Aber nicht in ihren Äußerungen und Merkmalen, sondern in ihrem Kern. In ihrem Ursprung!

Dieses Argument habe ich manchmal vor mir selbst benutzt, um auf Distanz zu meinen Mitmenschen zu gehen: dass es nicht wünschenswert ist, dazuzugehören. Aber manchmal kommt es mir auch so vor, als wäre es nur die Angst, von anderen nicht anerkannt zu werden, die mich in die Distanz treibt.

Weißt du, Unverbindlichkeit ist auch nicht das Wahre für dich. Denn darauf läuft deine Haltung ja hinaus. In Wirklichkeit hat alles seine

Zeit. Es gibt Zeiten der Distanz und Zeiten der Nähe. Du wirst ja auch zugeben, dass Zeiten intensiver Nähe zu anderen Menschen dir im Nachhinein besonders deutlich im Gedächtnis haften blieben, nicht wahr?

Und ob! Allerdings häufig auch im negativen Sinn.

Siehst du, und so lernst du dich am leichtesten kennen. Du begibst dich in seelische Nähe zu Menschen, und dann gehst du in dich (das ist auch Distanz) und nimmst wahr, was passiert, wie es dir geht, wie es dem, der oder den anderen geht. Zu welchen Ergebnissen bist du bei diesen Beobachtungen gekommen?

Beziehungen

Zuerst das Positive: Unsere Beziehungen können uns stabilisieren, existentiell, aber auch seelisch.

Du meinst, als Krücke?

Was ist schlecht daran, sich auf Mitmenschen zu stützen? Sie können das ja auch bei mir tun, wenn ihnen danach ist. Ich helfe gern!

Nichts ist schlecht daran. Nichts ist schlecht! Und dein Angebot zur Hilfe ist sehr gut, wenn es das ist, was du wirklich willst.

Einen Austausch!

Ist das wirklich ein Austausch? Wenn jemand sich bei dir anlehnt, sich auf dich stützt?

Na ja, vielleicht ist Austausch nicht das richtige Wort. Aber Tatsache ist, dass ich persönlich das brauche. Und die anderen Menschen auch. So gleicht es sich in Partnerschaften und Freundschaften aus – einmal baue ich sie/ihn auf, dann baut sie/er mich auf.

Gut. Ich wüsste auch nicht, wie ihr das bei eurem momentanen Bewusstsein anders organisieren könntet. Obwohl du, wie du zugeben musst, Partnerschaft dabei nach ihrem Nutzen für dich beurteilst.

Wir sind nun mal oft hilfsbedürftig! Ich meine auch und gerade seelisch: Wir brauchen Geborgenheit, Zuspruch, Angenommenwerden, Bestätigung, Trost usw.

Das will ich dir auch nicht vermiesen, mein Lieber. Aber die Ursache dieser eurer Bedürfnisse ist zum größeren Teil eben in euren zwischenmenschlichen Beziehungen zu suchen. Und außerdem, was ist, wenn beide Partner psychisch labil sind und sich deshalb schlecht oder gar nicht unterstützen können? Ihr werdet diesbezüglich sicher Kompromisse eingehen müssen, aber was ist denn deiner Meinung nach eine ideale Beziehung zwischen zwei oder mehr Menschen?

Ich habe den Verdacht, du willst mir erzählen, dass ich erst in mir die Fähigkeit zur Liebe entwickeln muss, bevor ich mich auf Beziehungen gleich welcher Art einlasse. Das ist ja wohl ein Scherz! Ich werde gerade unheimlich wütend, wenn ich so etwas höre. Ich bin eben noch nicht so weit!

Oh mein Gott, was für ein Ausbruch! Keep cool, wie man bei euch sagt! Zunächst einmal weißt du, dass du gar nichts „musst". Weiterhin ist es selbstverständlich richtig, dass keine Beziehungen die gewünschten Resultate hervorbringen, wenn sie nicht zwischen Partnern bestehen, die so in sich ruhen, dass sie völlig liebevoll zueinander sind. Wir wollen aber das Ziel nicht mit dem Weg verwechseln. Wenn du in den Ferien in die Sonne fliegst, erwartest du auch nicht unbedingt Sonne beim Einchecken am Flughafen.

Ich denke, es gibt keinen Weg!

Sei nicht spitzfindig! ...

(Zorn in mir, Abbruch des Dialogs. Funkstille auf der „anderen Seite".)

(...)

So, nach deinem Gesprächsabbruch gestern würde ich heute gern weitermachen. Einverstanden?

Natürlich. Hast du denn darüber nachgedacht, warum du gestern so verärgert warst? Es lag nicht nur daran, dass du in einer schlechten Verfassung warst!

Nachgedacht ja, aber zu einer Erkenntnis bin ich nicht gekommen!

Siehst du, und das ist der entscheidende Punkt. Du kennst eigentlich die Fakten und siehst die Dinge richtig, hast aber ein Problem damit, dies alles umzusetzen. Das ist nicht nur dein Problem, es ist ein Problem der Menschheit. Ihr seht eine Entwicklung ganz richtig voraus, verhaltet euch aber so, als hättet ihr diese Erkenntnis nicht. Eure Wahrnehmung, euer Bewusstsein ist eurem Verhalten weit voraus!

Und was heißt das in Bezug auf unseren Dialog?

Wir eiern um das Thema herum. Offensichtlich willst du gewisse Dinge nicht niederschreiben, weil du sie für zu radikal hältst. Oder weil du dich selbst nicht danach verhalten willst.

Ich versuche, mich offen zu halten.

Versuche es nicht, tu's einfach! „Versuchen" ist ein negatives Wort wie „verlieren, vergessen, vergehen, verbessern, verdienen" u.a.

„Verdienen" ist negativ?

Euer Konzept davon ist zumindest nicht wirklich positiv. Dies gilt auch für die Konzepte „verbessern, versprechen, verantworten" u.a.

Du veräppelst mich!

Dann erkläre mir, was „verdienen" bedeutet!

Ich erbringe eine bestimmte Leistung, und damit verdiene ich eine Gegenleistung, meistens Geld.

Oder Anerkennung. Oder Zuwendung. Oder einen Genuss. Oder Sex.

Ich weiß, worauf du hinauswillst. Dem liegt das Konzept zugrunde, dass man zuerst etwas tun muss, bevor man etwas bekommt. Aber ist das nicht Austausch? Ich gebe etwas, du gibst etwas, und beide sind zufrieden?

Warum schreibst du nicht „glücklich"? – „Beide sind glücklich." Du wolltest es schreiben, hast es aber dann gelassen. Warum?

Nun, wenn ich darüber nachdenke, dann waren meine glücklichen Momente von einem solchen Austausch unabhängig. Glücklichsein kann man sich wohl nicht verdienen.

Du bist weise!

Ist dieses Gespräch aber nicht eben das? Ich stelle dir meinen Körper und meinen Geist zur Verfügung und du belohnst mich mit deinen Einsichten!

Macht dich das glücklich?

Ja, sehr!

Aber du hast es dir nicht verdient! Nicht in dem Sinn, wie ihr das Wort normalerweise gebraucht. Du hast nichts für mich getan, was du nicht auch für dich getan hättest.

Eurem normalen Konzept des Verdienens liegt doch zugrunde, dass ihr für einen anderen etwas tut. Was ihr da macht, das macht ihr mit der Absicht, vom anderen etwas zu erhalten. Von euch aus würdet ihr das nicht tun. Es ist übrigens ganz unerheblich, ob es dabei einen Vertrag gibt oder eine direkte Aufforderung. Auch im Privatleben läuft es so, dass die meisten von euch glauben, sich die Zuwendung der Mitmenschen verdienen zu müssen. Dass dies dabei nicht immer bewusst ist oder sogar *meistens* nicht bewusst ist, ändert nichts an der Tatsache.

Denk einmal darüber nach: Das bedeutet doch, dass ihr euer Verhalten unentwegt bewertet und klassifiziert! Auch dies nicht bewusst, was umso schlimmer ist, denn was ihr nicht erkennt, das könnt ihr nicht ändern. Ihr habt dann keine Wahl. Keine Wahl, keine Alternative, keine Kreativität, kein Leben. Kein Bewusstsein! Und seid ausgeliefert an die eigenen Versuche, etwas zu verdienen, was ihr als für euch notwendig erachtet. Da dürft ihr euch nicht wundern, dass sich immer mehr Menschen dazu durchringen, Singles zu bleiben oder zu werden! Der Drang zum Single-Dasein ist darin begründet, dass eine zunehmende Anzahl junger Menschen nicht mehr bereit ist, sich diesem kaum entwirrbaren Geflecht von unausgesprochenen Verpflichtungen auszuliefern. Sie sagen, lieber saubere Verträge, die offen liegen, als dauerhaft den Mitmenschen dienen, unbewusst dienen, um Geborgenheit und „Liebe“ zu erhalten.

Du hältst das für richtig? Ach, ich vergaß, du urteilst ja nicht! Aber ist das die Entwicklungsrichtung, in die wir uns bewegen?

Du vergisst, dass du die Richtlinien vorgibst, du, ihr, alle gemeinsam! Jetzt, ja, jetzt bewegt ihr euch in diese Richtung. Das könnt ihr aber jederzeit ändern. Was wollt ihr? Was willst du?

Ich weiß es nicht so genau.

Das ist der Grund, warum du auch keinen Einfluss nehmen kannst. Andererseits: Du musst ja nicht alles bis ins Detail wissen. Was erhoffst du dir denn von einer Gemeinschaft?

Positive Unterstützung, ein Feedback, das mich anregt.

Geborgenheit? Anerkennung? Liebe?

Ich bin mir nicht sicher, ob ich das von außen erwarten sollte. Oder, klarer ausgedrückt: Das erwarte ich nicht, *und ich weiß auch, warum: weil es mich abhängig macht. Abhängig von Menschen, die mich unter Umständen nicht verstehen, nicht* wirklich *verstehen.*

Aber auch das hast du geschaffen!

Was soll ich nun tun? Ich habe alles geschaffen, sagst du. Ich bin damit nicht zufrieden, sage ich. Wir kommen immer wieder auf das eine Thema zurück, es tut mir Leid. Ich bin eben ein praktischer Mensch. Also, was kann ich tun, wenn ich mit den ominösen, in grauer Vorzeit, jenseits von Raum und Zeit, geschaffenen Lebensbedingungen nicht einverstanden bin? Das muss sich doch ändern lassen! Oder muss ich mich damit abfinden, dass ich eben genau diese Unabänderlichkeit des Schicksals erfahren muss, will, kann, darf?

Das Bewusstsein dessen, dass du der Schöpfer von allem bist, zusammen mit der unabänderlichen Zuversicht, etwas Neues zu erschaffen, hilft. Dazu muss aber noch dein Tun kommen. Die Überzeugung, dass du etwas erschaffst, muss in deinem Verhalten sichtbar sein. Dann schaffst du eine neue Welt. Aber Vorsicht! Ich sage nicht, dass eine solche neue Welt gut für dich ist. Aber du kannst sie erschaffen. Allerdings musst du sie, wenn sie denn da ist, mit ihren Konsequenzen auch ertragen. Ob es sich dann immer als das herausstellt, was du gewollt hast, ist eine ganz andere Frage.

Wenn dein Wünschen stark ist *und* in Übereinstimmung mit deinen innersten Überzeugungen, *und* wenn du geduldig darauf beharrst, wird sich dein Wünschen manifestieren. Beachte die Bedingungen! Es geht nicht, irgendetwas zu materialisieren, wenn du es in deinem Innersten nicht wünschst oder nicht dauerhaft wünschst. Es geht auch nicht, wenn du davon überzeugt bist, dass es nicht geht. Ansonsten funktioniert es. Was glaubst du zum Beispiel, wie viele Menschen sterben, weil ihre Umwelt es sich wünscht?

Wie bitte?

Die Unterwerfung unter die Wünsche der Gemeinschaft ist ein Hauptgrund für „vorzeitiges“ Ableben. Diese Wünsche sind natürlich nicht bewusst, aber mächtig. Weil sie nicht bewusst sind, werden sie nicht infrage gestellt und sind daher kontinuierlich wirksam. Da hilft nur völlige seelische Unabhängigkeit, wenn man sich nicht opfern will. Nur, die meisten Menschen sind eher bereit, sich zu opfern, als eigene Wege zu gehen. Dies wird durch eure Religion sogar gefordert, wenn auch nicht in diesem Kontext und so ausdrücklich. Aber durchaus missverständlich und auch in der Tat meist falsch verstanden.

Du meinst also, Gemeinschaft kann tödlich sein?

In gewisser Weise ist sie immer tödlich für das Individuum. Dann nämlich, wenn es sich von den anderen Mitgliedern der Gemeinschaft abhängig macht. Dies gilt im Positiven wie im Negativen. Der Führer einer Herde ist genau so abhängig wie der letzte Sündenbock, das schwarze Schaf. Aber das ist letztlich eine Frage des Bewusstseins. Womit wir beim Thema wären. Das Thema Gemeinschaft! Partnerschaft ist das Thema Bewusstsein! Selbstverständlich ist das Leben und Überleben auf eurem Planeten nur in der Gemeinschaft mit anderen Menschen *und anderen Wesen* möglich. Es ist eine Frage eures Bewusstseins, wie ihr erstens eure Gemeinschaften organisiert und zweitens euch als Individuen in euren Gemeinschaften verhaltet.

Irgendwie bin ich entmutigt.

Das musst du nicht sein. Wie ich schon sagte, das habt ihr alles selbst geschaffen. Diese Verwicklungen gehören zum Spiel des Lebens, und du und deine Mitspieler wollten und wollen ja mitspielen. Und es ist ja auch nicht nur schlecht! Also sei nicht so negativ in deiner Bewertung.

Das Optimale ist, gar nicht zu werten. Freue dich am Positiven und ignoriere das Negative.

Das Gemeinwesen ERDE

Wie geht es jetzt weiter?

Wir schreiten vom Kosmischen zum Individuellen vor. Wir starten mit der Erde. Ihr habt, du hast dich der Gemeinschaft „Erde“ angeschlossen.

Das hört sich so an, als gäbe es noch andere Gemeinschaften, ich meine für Menschen.

Gibt es auch. Aber darüber möchte ich nicht sprechen.

Schade!

Die Gemeinschaften haben alle ihre eigenen Charakteristiken, sodass Erkenntnisse für die einen nicht praktikabel sind für die anderen.

Aber weiter: Die Erde als solche ist ein Teil eines größeren Ganzen, aber auch das will ich nicht vertiefen. Die Erde ist zugleich ein eigenständiges Wesen, von euch meist als Mutter wahrgenommen. Und das entspricht den geistigen Prinzipien, denn sie nährt euch. Natürlich meine ich mit dem Wort Erde nicht (oder besser: nicht ausschließlich) den materiellen Aspekt, sondern das Wesen. Man kann sich alles als Wesen vorstellen, sogar den Stuhl, auf dem man sitzt, und kommt der Wirklichkeit damit näher, als man bei rein materieller funktionaler Betrachtungsweise je kommen könnte.

Die Erde ist also ein beseeltes Wesen. Als solches hat sie Empfindungen, eine Geschichte, eine Entwicklung und, vor allem, sie interagiert mit euch. Sie kommuniziert mit euch, spricht, hört euch zu, reagiert auf euch. Sie handelt und ist als solche, wie jeder Mensch, von euren Reflexionen abhängig. Ihr spiegelt sie, und sie erkennt sich selbst. In allen ihren (euren) Aspekten.

Jemand sagte einmal, wir Menschen seien auf der Erde Parasiten, wie Flöhe auf einem Hund.

Das ist nicht so! Die Erde und ihr Menschen und alle anderen Wesen, die hier leben, bilden ein kompliziertes Gefüge gegenseitigen Reflektierens. Diese Reflexion ist wichtig, ja, ist der eigentliche Grund dafür, dass dieses Gemeinwesen überhaupt geschaffen wurde.

Habe ich das richtig verstanden? Das Gemeinwesen wurde geschaffen, damit jeder Teil davon die anderen Teile reflektieren kann? Du meinst geistiges *Reflektieren?*

Ja.

Das heißt, wenn ich mich irgendwo hinsetze und über die Welt nachdenke, dann bin ich das optimale Mitglied dieser Gemeinschaft?

Bevor ich darauf eingehe, will ich dich noch auf das Wort „Gemeinwesen“ aufmerksam machen, das ich soeben eingeführt habe. Es handelt sich wirklich um ein Wesen, das entsteht, während ihr zusammen seid. Du hast früher schon das Wort Gruppenbewusstsein verwendet; ein Gruppenbewusstsein bildet sich in jeder Gruppe. Damit ergibt sich auch ein Erdbewusstsein. Dieses Erdbewusstsein wird maßgeblich von euch Menschen beeinflusst, weil die anderen Wesen innerhalb eures Gemeinwesens nicht so veränderungswütig sind.

Wütig?

Wütig. Aber, positiv gesehen, seid ihr eben diejenigen, die den stärksten Wunsch haben zu erschaffen. Und viele Wesen höherer Dimensionen sind nur hier, weil sie euch helfen wollen. Sie sind es, mit deren Hilfe ihr erschafft.

Schutzengel, Geistführer, Götter, Gott, was gibt es da noch alles?

Nicht unser Thema! Jedenfalls *noch* nicht. Wenn wir diese geistigen Dimensionen ausklammern und uns auf eure „natürliche“, das heißt sichtbare Umwelt beschränken, dann haben wir erst einmal genug zu tun.

Die Tiere, die Pflanzen, das Mineralreich, die Luft, das Wasser, sie erschaffen nichts, jedenfalls nicht in dem Sinn, wie ihr es versteht. Denn selbstverständlich schafft auch der Berg sich ein Umfeld, aber auf Grund der langen Zeiträume, in denen er „denkt“, kommt nichts für euch Sichtbares dabei heraus. Aber Tatsache ist, dass die Tiere und Pflanzen und Mineralien nicht den *Wunsch* haben, etwas zu erschaffen außer sich selbst. Und dies in Übereinstimmung mit dem Gemeinwesen und dessen Plan.

Vielleicht schockiert es deine Leser, wenn sie erfahren, dass hinter Pflanzen, Tieren und Mineralien Geistwesen stecken, die sie „dirigieren". Viele eurer alten Mythen und Geschichten enthalten noch die Erinnerung daran, dass ihr Menschen in einer früheren Entwicklungsstufe davon wusstet.

Die Menschen früherer Zeiten *sahen* diese Wesen und konnten mit ihnen kommunizieren. Zuerst alle, dann nur noch wenige, und heute kaum noch jemand. Ein schmerzlicher Verlust für das Gemeinwesen, der aber zunächst aufgewogen wurde durch die Zunahme eurer Schöpferkraft. Die Stärke eurer Schöpferkraft – und deren Anwendung, natürlich –schien deinen Vorfahren faszinierender, als das „tierhafte" Ausrichten des Verhaltens nach den Regeln des Gemeinwesens.

Heute seid ihr ein, nein, *der* Unruhefaktor auf der Erde. Wenn man früher von Dämonen sprach, so hat man das heute gar nicht mehr nötig. Für Unruhe und Zerstörung habt ihr Menschen das Monopol. Scheint dir das zu hart, witterst du dahinter wieder eine Wertung, eine Verurteilung?

Nein. Ich teile deine Ansicht.

Gut! Sich selbst ungeschminkt zu betrachten, das ist wichtig als erster Anstoß zur Veränderung. Auch wenn es bei euch Menschen nicht unbedingt beliebt ist. Immerhin versteht ihr inzwischen, dass euer Gemeinwesen am Rande der Zerstörung steht, jedenfalls was *euch Menschen* betrifft. Als eure Schöpfung ist die Erde fast schon am Ende. Was bedeutet, es ist *euer* Ende. Nicht als Seelen! Aber als Körperwesen.

Was tun?

Ich gebe euch keine Ratschläge. Wenn ihr das nicht selbst erledigt, was zu tun ist, dann wollt ihr es nicht. Dein Wunsch in Ehren, aber die konkreten Ratschläge sind euch bekannt.

Euer Problem ist: Wenn man sie alle zusammen betrachtet, bleibt euch nichts anderes übrig, als grundsätzlich, radikal, euer Verhalten zu verändern. Dazu ist die Mehrzahl der Menschen nicht bereit. Und eure „Führer" werden gewählt. Von wem? Von der Mehrheit der Menschen. Was folgt daraus? *Nichts* kann sich grundsätzlich ändern, ihr doktert an Symptomen herum. Dabei seid ihr erstaunlich kreativ. Aber mehr als eine Verlangsamung der Absturzgeschwindigkeit ist so nicht zu erreichen.

Gut, gut, keine Ratschläge für die Menschheit. Dann gib bitte mir *einen Rat, mir persönlich. Soll ich mich auf das Ende vorbereiten, den Weltuntergang? Soll ich politisch agitieren? Ich weiß, ich weiß – ich soll gar nichts. Aber wäre das sinnvoll? Würde das helfen? Und wem?*

Dazu wäre Einiges zu sagen, aber zuerst eine Frage: Hättest du Lust zu einer der beiden Alternativen?

Nicht wirklich. Ich würde das Kreuz auf mich nehmen, wenn es sein müsste.

Dann lass es! Es ist nicht nötig für die Erde, dass du was auch immer auf dich nimmst. Niemand muss etwas auf sich nehmen! Ihr alle habt schon viel zu viel am Hals. Du hast eine Frage gestellt, die ich noch nicht beantwortet habe. Sie lautete: Wenn ich mich irgendwo hinsetze und über die Welt nachdenke, bin ich dann das optimale Mitglied dieser Gemeinschaft? Erinnerst du dich?

Ich erinnere mich.

Die Antwort ist: Ja! Eine kleine, aber wesentliche Änderung deiner Formulierung sollten wir vornehmen. Wir ersetzen „nachdenken" durch „betrachten und kommunizieren". Das schließt das Nachdenken ein, ist aber mehr als das.

Arbeit

Betrachten und kommunizieren. Hört sich an wie ein beschauliches Leben. Wie bei einem buddhistischen Mönch. Was wird aus unserer Wirtschaft?

Das ist nicht von Interesse!

Na ja, von irgendetwas müssen wir doch leben.

Wir werden darüber auch noch sprechen, sei getrost. Aber für die „Rettung der Menschheit" ist die Industrie in all ihren Facetten, und das schließt die heutige Landwirtschaft mit ein, der Haupt-Verderbnis-Faktor.

Das heißt, wir sollen nicht arbeiten? Eine Art Urlaub als Dauerzustand?

Natürlich! Nein, das war ein Scherz. Natürlich ist es sinnvoll, etwas zu tun! Sonst würdet ihr euch wahrscheinlich langweilen. Jeder weiß ja irgendetwas, das er gern tut. Leider wird jede Art von Tätigkeit bei euch so stark unter Prestigegesichtspunkten bewertet, dass die meisten Menschen viele Tätigkeiten gar nicht mehr für sich als Beruf in Betracht ziehen, obwohl sie sie eigentlich gern ausüben würden.

Zum Beispiel?

Landwirt zum Beispiel. Viele Menschen würden gern Land umgraben und darauf Gemüse anbauen, Tiere halten, und so weiter. Du erkennst dies daran, dass sie in ihrer Freizeit im Garten buddeln, mit dem Hund spazieren gehen und Marmelade einkochen. Sie kämen aber gar nicht auf die Idee, das als Beruf zu wählen, weil ein solcher Beruf kein Prestige hat. Der Druck, einen prestigeträchtigen Beruf ausüben zu müssen, ist beinahe noch stärker als der Druck, Geld zu verdienen.

Aber seid gewiss: Wenn jeder, der Lust dazu hat, der sich also bei dieser Tätigkeit wohl fühlt, dies tun würde, dann ginge es eurer Gesellschaft besser. Ich meine damit den einzelnen Mitgliedern innerhalb der Gesellschaft. Aber davon einmal abgesehen: Mit der Umwelt kommunizieren ist ja nicht nur verbal möglich. Jede Handlung ist Kommunikation mit allen, die es betrifft. Und damit meine ich nicht nur die Menschen, sondern auch Tiere, Pflanzen und die Erde. Wichtig ist aber auch das Betrachten! Ist das, was ich tue, denn nicht nur für mich, sondern auch für das Gemeinwesen förderlich? Im Übrigen: Nützlichkeit hingegen ist *kein* Kriterium!

Warum sonst sollte ich etwas tun, außer weil es nützlich ist?

Das kommt darauf an, wie du Nutzen definierst. Was dir nützt, nützt nicht unbedingt deinem Nachbarn, der Umwelt, der Erde! Ist es nützlich, Öl aus der Erde zu holen, es zu raffinieren und in Motoren zu verbrennen? Nun?

Ja, für unsere Wirtschaft schon! Für unsere Umwelt weniger.

Für die Erde ist es eine Katastrophe! Also, der Nutzen ist kein gutes Kriterium. Eher schon die Freude, die ich an einer Handlung habe.

Wer hat schon Freude an seiner Arbeit?

In der Tat meint die Freude an der Arbeit bei den meisten Menschen die Anerkennung, die sie durch die Arbeit bekommen. Ich meine aber die Freude an der Tätigkeit an sich! Frag einmal die Menschen, ob sie ihren Beruf auch als Hobby, ohne Geld, ausüben würden, wenn ihr Lebensstandard und ihr Ansehen erhalten blieben. Wie viele, glaubst du, würden weitermachen?

Na ja, wenn Spaß an der Tätigkeit das entscheidende Kriterium für die Berufswahl wäre, dann könnten wir hier den Laden dicht machen!

Siehst du, wie intelligent ihr eure Gesellschaft aufgebaut habt? Ein Großteil von euch verrichtet den Tag über Arbeiten, die er normalerweise nie tun würde – und also nicht tun dürfte, wenn er glücklich sein wollte. Aber wer will schon glücklich sein?

Alle!

Nein! Glück gehört nicht zu euren bevorzugten Lebenszielen. Ersatzglück, ja! Ersatzbefriedigungen aller Art, die notwendig werden, weil ihr Glück als etwas Privates im Gegensatz zum Beruflichen definiert habt. Weil ihr Glück sowieso als etwas Unerreichbares anseht, das sowieso nur dann akzeptabel erscheint, wenn es übereinstimmt mit euren Vorstellungen von Glück!

Hör auf, hör auf! Wenn man darüber weiter nachdenkt, wird man ganz konfus!

Ihr seid konfus! Wenn ihr darüber nachdenkt, wird euch einiges klar! Ihr verzichtet auf Glück, um euch Ersatzglück verschaffen zu können. Und den schalen Beigeschmack, den Ersatzglück mit sich bringt, beschwichtigt ihr mit immer neuen Prozeduren. Übrigens alles auf Kosten des Gemeinwesens!

Das kann man aber niemandem begreiflich machen!

Jeder begreift das! Deswegen will niemand etwas davon wissen! Verstehst du? Es ist so offensichtlich. Und ihr alle, ihr Menschen, habt das notwendige Instrumentarium, zu sehen, zu hören, zu fühlen, zu riechen, zu schmecken. Zu reflektieren. Jeder spürt das. Irgendwo tief drinnen wisst ihr das alle.

Doch wie können wir unser Verhalten ändern? Wir sind doch alle, jeder für sich, in dieses ganze System verstrickt, so fest eingewoben, dass es keinen Ausweg gibt als den radikalen Ausstieg!

Was hindert euch daran?

Wir können schließlich nicht alle Aussteiger werden und als Ökobauern ein paar kleine Parzellen bewirtschaften.

Warum nicht?

Das bedeutet ja die Rückkehr in die Steinzeit! Keine Elektrizität, kein Auto, kein Fernseher, kein Telefon, kein PC, darauf liefe das doch hinaus! Keine Kultur, keine Schulen! Jeder säße in seiner Kate und würde alles selbst herstellen, was er bräuchte.

Na, na, na! So radikal brauchst du nun auch wieder nicht zu sein. Von Steinzeitniveau habe ich nichts gesagt. Und ich habe auch überhaupt keine Ratschläge gegeben. Die stammen alle von dir!

Wie meinst du das?

Glücklichsein

Nun, was ich getan habe, war nur, den Zustand zu analysieren. Es sieht so aus, als ob niemand glücklich ist – die Erde nicht, die Natur nicht, und auch nicht die Menschen! Nur ich bin glücklich.

Das ist wie ein Orakelspruch, nicht zu verstehen ... Du bist glücklich. Du bist ich. Also bin ich auch glücklich. Du bist alle! Also sind alle glücklich. Fragt sich nur, auf welcher Ebene!

Die richtige Frage! Eure Vergemeinschaftung findet auf einer anderen Ebene statt als euer Glücklichsein! Nur auf eurer höchsten Ebene könnt ihr wirklich glücklich sein, dort, wo ihr Gott seid oder, richtiger gesagt, an der Schwelle dazu. Wenn ihr unverkrampft seid und euch selbst anschaut und euch selbst annehmt, so, wie ihr seid, ohne Wertung, ohne euch von äußeren Maßstäben beeinflussen zu lassen, dann, ja dann könnt ihr glücklich sein. Dann seid ihr IHR SELBST, und dann seid ihr wahrhaftig und vollkommen. Das ist Glück, das nicht getrübt werden kann.

Insofern kann jeder Mensch glücklich sein – sein wirkliches SELBST ist es schon, man braucht es bloß zuzulassen. Allerdings braucht man dann keine Gemeinschaft mehr. Alles, was man tut, ist dann, ohne dass man darüber nachdenken muss, gut für das Gemeinwesen. Kannst du dir das vorstellen?

Grundsätzlich schon. Praktisch nicht so gut.

Nicht so gut oder gar nicht?

Nicht so gut.

(...)

Nein, ich will das nicht beschreiben!

Du schreibst schneller, als ich fragen kann. Du erkennst meine Fragen manchmal, ohne dass ich sie formuliert habe. Also los! Was stellst du dir vor? Raus damit! Ganz subjektiv und bruchstückhaft.

Es ist mehr so ein Gefühl! Eigentlich ist es gar nicht mit konkretem Handeln verknüpft. Ich stelle mir einen Zustand vor, in dem ich irgendwie frei von Druck bin.

Wie oft hast du das schon wirklich gehabt?

Öfter. Immer häufiger. Gerade jetzt ein wenig.

Gut! Und nun noch einmal zurück zu deiner vorigen Aussage. Wenn du die Welt und dich selbst betrachtest und mit allem kommunizierst, dann verhältst du dich für das Gemeinwesen optimal.

Die Ergänzungen, die ich hier hinzugefügt habe, sind wichtig, vor allem aber die Bedeutung dieser Aussage: Es ist nicht wesentlich, was du *tust*, sondern was du *bist*. Ihr sucht alle nach dem richtigen Handeln, entscheidend ist aber das wahre SEIN! Was du tust, ist letztendlich gleich. Ob du als Lehrer unterrichtest, als Mechaniker arbeitest, das Land bebaust, Essen kochst, Menschen heilst, Tiere fütterst, Bücher schreibst oder den Verkehr regelst, das ist nicht entscheidend für die Qualität deines Verhaltens, bezogen auf das Gemeinwesen.

Die Frage lautet: *Wer bist du?* Wer ist es, der da handelt? Bist du DU SELBST, frei und glücklich, dann ist alles gut. Du *kannst* dann gar nichts Schädliches für das Gemeinwesen tun, selbst wenn das von außen so scheinen mag!

(...?)

Jetzt bin *ich* wieder schneller als du! Jesus Christus galt den Juden als „Volksschädling“, nicht wahr? Wie siehst *du* das?

Ich bin sicher, dass er niemandem geschadet hat.

Eben. Siehst du, es ist aber möglich, dass andere das anders sehen. So ist es auch mit dir. Wenn du glücklich bist und frei, was Gott sei Dank ...

Ja, ich danke dir dafür (ich war schneller ...)!

... immer öfter vorkommt, dann wird es Menschen geben, die dein Tun wertschätzen, anderen ist es egal, und wieder andere verurteilen dich dafür. So ist das! Es ist übrigens unfair, deine Macht über deinen Füllfederhalter gegen mich auszuspielen!

Entschuldige!

Oh, ich verurteile dich nicht dafür. Ich mag das! Das Spielerische ist Gott nahe.

Ernsthaftigkeit ist das Glück der Dummen, soll Goethe gesagt haben.

Ich liebe ihn!

Es lohnt sich, ihn zu lesen?

Nein, nicht für dich.

Ein Rat! Ein Urteil! Ich kann es nicht fassen!

Du hast doch Einiges von ihm gelesen. Hattest du den Eindruck, dass es dich dir selbst näher gebracht hat?

Nein, eigentlich nicht. Wenngleich man als Bildungsbürger so nicht denken darf.

Siehst du, ich habe nur dein Empfinden artikuliert. Ich bin nämlich kein Bildungsbürger. Ich bin dein Unbewusstes, und das hat nichts mit äußerlichen Kategorien zu tun. Ich stehe außerhalb der Normen. Ihr braucht das!

Wir brauchen das? Was?

Es ist gut für euch, eure Welt frei von Normen wahrzunehmen. Normen sind Wahrnehmungsfilter, geschaffen, um euch davor zu bewahren, IHR SELBST zu sein.

Die Normen sind uns aber vorgegeben!

Und werden euch eingetrichtert. Früher hat man sie sogar in euch hineingeprügelt. Eben! Es gilt zu verhindern, dass ihr macht, was ihr wollt. Es gilt Freiheit auszumerzen.

Und für das Gemeinwesen Erde wäre also die Freiheit des Einzelnen, zu tun, was er selbst will, gut? Ist es nicht im Gegenteil so, dass die Einschränkung des Einzelnen das Überleben des Ganzen erst ermöglicht?

Das ist ein folgenschwerer Irrtum! Das Gemeinwesen Erde ist nicht auf das Überleben von euch Menschen angewiesen! Ihr redet von euch selbst, wenn ihr von der Erde sprecht.

Gebote und Verbote

Aber wir sind die Störenfriede: Also müssen wir doch bei uns selbst ansetzen, wenn wir das Ganze erhalten wollen. Also ist es doch sinnvoll, durch Gesetze oder Verordnungen zu regeln, dass die Erde nicht beliebig vergiftet werden darf, das Wasser, die Luft, die Nahrungsmittel usw.

Ja.

Wie bitte? Einfach ja?

Ein Mensch, der so denkt, ist darauf festgelegt. Also kann ich ihn bestätigen, und er macht ja nichts praktisch falsch! Er hat es nur nicht verstanden.

Ich habe ja auch das Gefühl, dass es nicht stimmt ...

Du hast mehr als nur ein Gefühl! Du *weißt*, dass es so nicht geht!

Ja. Aber ich weiß nicht, warum! In Diskussionen erwähne ich das nicht, weil man mich für einen Ignoranten, vielleicht für einen Idioten halten würde, weil ich es nicht ordentlich, d.h. verständlich, verbalisieren kann. Hilf mir bitte!

Da kann ich dir nicht helfen. Wie ich schon sagte, wer sich einmal auf die Ebene von Geboten und Verboten eingelassen hat, für den ist jeder, der anders denkt, ein Spinner, unter Umständen sogar ein gefährlicher Spinner. Und die Erfahrung gibt diesen Menschen scheinbar Recht.

Aber eben doch nur scheinbar!

Gebote und Verbote wollen oder sollen den Vorgang kontrollieren. Aber der Einzige, der das Leben kontrollieren könnte, ist Gott (und der kontrolliert es nicht!). Dies deshalb, weil ihr die Folgen eures Tuns absolut nicht überblickt. Ihr überblickt sie nicht einmal relativ. Und noch weniger überblickt ihr die Konsequenzen eures Denkens.

Und was sollen wir tun?

Ihr seid so konstruiert, dass ihr die Folgen eures Denkens und Handelns nicht überblickt, sonst würdet ihr ja alles richtig machen, und es gäbe keine Dualität und kein Leid und keine Freude auf der Welt. Obwohl es schon genug Leid gegeben hat. Ihr könntet, wenn ihr nur wolltet, jahrtausendelang in reiner Freude leben, ohne das Leid aufzuwiegen, das in eurer Geschichte geschaffen und erlebt wurde.

Was hindert uns daran?

Jedenfalls nichts in der Konstruktion der Erde. Die Erde ist bereit, mit euch auf eine Weise zusammenzuarbeiten, dass ihr ohne Mühe überleben und euch deshalb praktisch vollständig dem Leben zuwenden könnt. Dies kann ich euch verbindlich im Namen von Mutter Erde zusichern. Und der Himmel würde auch mitspielen.

Ihr müsst es nur wollen. Aber ihr wollt ja nicht! Leben ist euch viel zu unbequem, neue Wege gehen, bislang nicht gekannte Erfahrungen machen, Unsicherheit ertragen, wer will das schon? Nein, ihr lasst es lieber darauf ankommen, dass das Schicksal euch ein paar hinter die Löffel gibt. Und das Schicksal begegnet euch meist von außen. So nehmt ihr es jedenfalls wahr, obwohl es in Wahrheit die Folge eurer inneren Einstellung ist. Das können Menschen sein oder Viren oder – die Erde.

Die Erde braucht keine Angst vor den Menschen zu haben. Die Erde als solche ist ein Lebewesen, das gern mit euch zusammenarbeitet, aber nicht auf euch angewiesen ist. Sie ist selbst wie ein Mensch, mit Gefühlen und einer für eure Verhältnisse ungeheuer langen Lebensspanne. Dies relativiert ihre momentanen Probleme mit euch. Es ist, als hättet ihr seit zwei Sekunden einen Juckreiz. Das wünscht man sich nicht, aber noch unternimmt man nichts Besonderes. Vielleicht bessert es sich von allein.

Und wir sind der Ausschlag!

So weitgehend ist das nicht zu interpretieren. Was ich sagen wollte, war, dass die Erde über das, was ihr Menschen ihr antut, nicht erfreut ist. Sie ist zwar dazu da, Menschen als Lebensort zu dienen, aber das muss ja nicht *eure* Gesellschaft sein. In euren Mythen hört ihr davon, dass frühere Menschengeschlechter ausgestorben seien. Und so ist es auch, und so kann es auch euch ergehen.

Setzt euch also hin und seid still – und nehmt wahr, was geschieht. Haltet Kontakt zur Erde und zu allen Wesen hier. Seid offen für Kommunikation aller Art, so wie du offen bist für die innere Kommunikation. Schaut an, was man euch zeigt. Hört darauf, was man euch sagt. Fühlt, was vor sich geht. Und ihr werdet von innen heraus, automatisch, das Richtige tun: für euch und für das Gemeinwesen.

Und auch hier gilt wieder, dass nicht jeder einen verstehen wird.

Richtig. Und es ist gar nicht nötig, es zu erklären. Es sei denn, du bist ein Erklärer!

Du bist übrigens ein Erklärer!

Mir reicht es schon aus, von innen gesteuert zu handeln!

Du sollst auch nicht erklären, warum du was wann wie machst. Allgemeine Prinzipien tun es auch!

Die Rettung der Menschheit

Okay. Zurück zur Rettung der Erde.

Rettung der Menschheit. Die Erde ist nicht wirklich in Gefahr. Aber zurück zu dir!

Wieso zu mir?

Deine Aufgabe ist es, Himmel und Erde zu versöhnen. Das geht nicht mit einem Rückzug ins Privatleben!

Aufgabe? Ich soll, ich muss etwas tun?

Nein. Ich artikuliere das, was du selbst willst. Wohin es dich zieht. Eine unangenehme Aufgabe für dein Ego, wenn ich dein Sträuben richtig interpretiere.

So sehe ich das nicht. Ich frage mich nur, ob ich mich so in den Mittelpunkt stellen sollte.

Nicht du bist der Mittelpunkt! Die Sache ist der Mittelpunkt. Und die Sache ist Gott. Himmel und Erde, Bewusstes und Unbewusstes. Die Seele.

Es gilt, den Menschen mit seinem Unbewussten zusammenzubringen. Ihn mit seinem innersten Wesen zu versöhnen. Und ihn damit automatisch auch mit seiner Umwelt zu versöhnen. Mit der Erde und mit Gott. Dies alles ist in Wirklichkeit *ein* Vorgang. Du kannst nichts für die Erde tun, wenn du nicht die Seele als Maßstab deines Handelns und Denkens zulässt. Denn in deinem Unterbewusstsein scheint das Unbewusste durch, das All-Eine, wenn du es nur zulässt!

Im Unterbewusstsein lauern aber auch verdrängte Triebe, lauert auch Aggression!

Was nicht ans Licht kommt, kann nicht verarbeitet werden.

Kann es denn Schaden anrichten?

Ja. Kann es. Aber so ist das Leben. Für euch Menschen ist es besonders problematisch, dass ihr so vieles verdrängt. Denn alles, was ihr verdrängt, entwickelt ein Eigenleben und wächst. Das ist Krebs! Und den gibt es auch auf globaler Ebene.

Sieh mal, jeder Wunsch von dir, den du nicht erfüllst, bleibt bestehen. Je mehr du ihn von dir weist, desto stärker wird er. Wenn er in dein Unterbewusstsein verbannt ist, dann nistet er sich dort ein, und zwar so, dass er nicht nur für dich, sondern für alles eine Belastung wird. Also nicht nur für die Menschen. Dies ist zum einen allgemein zu verstehen. Nicht zugelassene Wünsche bedeuten nicht zugelassenes Leben. Also lagern sich im Unbewussten lebensfeindliche Prinzipien ab, die als Konsequenz den Tod zur Folge haben: das Aussterben von

Pflanzen und Tieren, die schwächere Glieder der Kette sind. Das Aussterben von echter Originalität und Kreativität bei den Menschen – auch hier sind die schwächsten Glieder der (Menschen-)Kette betroffen. Letztlich geht es um das Aussterben des Menschen.

Andererseits werden die ins Unbewusste verdrängten Prinzipien auch inhaltlich wirksam. Eure Generation hat mit den verdrängten Prinzipien der vorangegangenen Generationen zu tun – und zu kämpfen. Und dazu müsst ihr euch damit konfrontieren lassen. Dieses Heraustreiben „giftiger“ Inhalte ist ein schmerzhafter Prozess für euch, eine schwierige Sache, solange ihr nicht mit euch selbst, mit eurem Selbst, im Reinen seid. Im Übrigen würde es ausreichen, wenn eine genügend große Anzahl von Menschen das in Angriff nehmen würde, in einer Größenordnung von vielleicht einem Promille. Das wäre insbesondere die Aufgabe der „Priester“ oder „Schamanen“ oder wie immer ihr sie nennen würdet.

Und der Rest macht weiter wie bisher?

Zunächst einmal ja! Erinnere dich daran, dass alles, was wir tun, nur relativ ist. Wir spielen ein höchst faszinierendes Spiel, und das enthält, wie das richtige Leben (es *ist* das richtige Leben), alle Facetten, auch gegensätzliche. Daher sind Reibungen und Konfrontationen ein normaler Bestandteil eures Daseins, solange – ja, solange ihr nicht ihr selbst seid. Solange ihr Menschen, jeder Einzelne, nicht erkennt, dass ihr GOTT seid, dass ihr die Schöpfer eures Universums seid. Erst dann könnt ihr frei von Gewalt und Missbrauch eurer Fähigkeiten leben. Vorher ist das nur Krampf, verlogen, weil nicht eurer Wirklichkeit entsprechend. Das Verdrängen von Aggression und anderen problematischen Wünschen ins Unbewusste bringt nur neue Probleme, denn sie müssen dann kollektiv gelebt bzw. erfahren werden.

Du willst mir doch nicht sagen, dass es ausreicht, dass ein Promille der Menschheit wirklich bewusst lebt, erleuchtet ist oder wie man es nennen will? Die tragen dann ja eine Riesenlast, jeder die von 999 anderen Menschen! Wer würde freiwillig eine solche Bürde auf sich nehmen?

Du! Und viele andere. Weil ihr so weit seid zu begreifen, dass es keine Bürde ist. Weil es euch selbst dahin zieht, ihr selbst zu sein und das auch in eurem Verhalten zum Ausdruck zu bringen. In eurem Umgang mit euch selbst und mit anderen. Ich spreche nicht von einer Pflicht, die Gott euch auferlegt. Ihr dürft das nicht als Last verstehen, die ihr schultert. Die vielen Menschen, die erstens sich selbst und Gott näher gekommen sind und zweitens anfangen, dies auch im Leben umzusetzen, können dies einfach fortsetzen. Mehr ist nicht erforderlich!

Es geht hier also nicht um eine Forderung an dich, sondern um eine Bekräftigung und Ermutigung: Ja, es lohnt sich, nicht nur für dich, auch für die Menschheit, auch für das Gemeinwesen, weiterzumachen. Was immer du für Schaden anrichten magst, er wird aufgewogen vom Nutzen für das Leben.

Das wirkt anarchisch. Iirgendwie leuchtet es mir zwar ein, andererseits – so kann ich jeden Unsinn, den ich mache, jeden Schaden, den ich anrichte, jede Schuld, die ich auf mich lade, rechtfertigen. Oh, ich weiß, es gibt keine Schuld, und Schaden kann ich nur jemandem zufügen, der dafür auch offen ist, usw. Aber wohin soll das führen? Welche Moral, welche Ethik folgt daraus? Und folgt daraus wirklich Heil?

Heil ist das zwangsläufige Ergebnis *all* unseres Tuns! Es gibt nur lange und kurze Wege dahin. Mit Weg meine ich eure subjektiven Erfahrungswege, denn, wie du weißt, Heil ist hier und jetzt! Öffne dich dafür, und ist es da. Warum so verzagt? Du hast Wünsche. Manches zieht dich an, und du folgst dieser Anziehung. Das ist alles! Mehr ist nicht erforderlich.

Und wenn ich von etwas angezogen werde, das ich selbst als falsch für mich empfinde? Wenn der Drogenabhängige vom Morphium angezogen wird? Der Vergewaltiger von seinem Opfer? Der Politiker von der persönlichen Macht?

Ein wesentlicher Bestandteil eures „Weges" ist die Beobachtung der Folgen eures Tuns.

Das hört sich doch wieder so an, als sollten wir uns und unser Verhalten kontrollieren! Wo bleibt die Spontaneität?

Das Zauberwort ist Intuition, nicht Spontaneität. Und Intuition beinhaltet ein Horchen nach innen, ein Schauen, ein Fühlen. Es ist *keine* Kontrolle! So, wie du jetzt schreibst, das ist intuitiv. Du kontrollierst es nicht, du weißt nicht, wohin der Text sich auf dieser Seite noch wendet. Aber du bist dir deines Zustandes, deines Befindens bewusst, und sobald du den Eindruck hast, dass sich dein Befinden verschlechtert, hörst du auf zu schreiben. Einmal hast du es mir in die Schuhe geschoben, ganz richtig! Denn wenn die Verbindung zum Unbewussten offen ist, dann fließt automatisch Segensreiches durch den Menschen. Es fließt spontan. Was immer du dann tust, ist von Heil.

Der optimale Zustand ist immerwährende Intuition. Dann, und nur dann, ist es sinnvoll, spontan zu leben. Sinnvoll in dem Sinn, dass dann ein heilsamer Fluss entsteht, der das Unbewusste reinigt. Und dein Unbewusstes ist nicht nur *dein* Unbewusstes. Es ist das Unbewusste des Gemeinwesens. Auf diese Weise arbeitet jeder Mensch, der aus der Intuition heraus lebt und handelt, am Heil des Ganzen. Ob er es will, spielt überhaupt keine Rolle – es geschieht einfach.

Und so kommt es, dass es ausreicht, wenn nur ein Bruchteil der Menschen in Kontakt mit der Quelle, mit Gott ist, ich verstehe! Aber ist das nicht eine Sisyphusarbeit? Der eine reinigt, 999 andere verschmutzen?

Neue „Verschmutzungen“ geschehen nur sporadisch. Die meisten Menschen reproduzieren nur, was sie schon vorfinden. Sie agieren die ungelösten Probleme aus, die ihre Vorfahren und sie selbst zurückgelassen haben. Der „Erleuchtete“ hingegen hat eigentlich keine Arbeit zu leisten, weil er ja nur abfließen lässt. Allerdings kommt dabei natürlich auch Ungelöstes an die Oberfläche. Unerwünschtes. Dinge, die man lieber *nicht* sehen will. Das ist wie die Geschichte von Herakles und dem Stall des Augias. Kennst du sie?

Ja. Herakles musste zehn Aufgaben lösen. Eine davon war, er solle den Stall des Augias ausmisten, und zwar an einem *Tag. Dort standen, wenn ich mich recht entsinne, 7000 Rinder. Das hätte selbst Herakles nicht mit seiner Muskelkraft schaffen können. Also baute er einen Damm und leitete einen Fluss durch den Stall. So wurde der ausgemistet.*

Ja, nun stell dir vor, wie der Fluss aussah, nachdem er durch den Stall geflossen war.

Da kann man nur hoffen, dass niemand sein Trinkwasser daraus bezogen hatte.

Siehst du übrigens die Parallele zu eurer heutigen Zeit? Die Verschmutzung der Flüsse und Meere? Und auch die akuten Verschmutzungen durch Unfälle?

Ja, gerade gab es einen Unfall in der Theiß auf dem Balkan, wo Unmengen von Fischen starben. Und vor der bretonischen Küste gab es eine Ölpest, nachdem ein Tanker einen Unfall hatte. Tausende Seevögel sind dort verendet.

Reparatur oder Erneuerung

Das sind Zeichen. Und dies sind logische Folgen eures Tuns. Beides! Vom Himmel geschickt, und von euch geschaffen. Sie sind gleichzeitig ein Reinigungsprozess und eine Verschmutzungskatastrophe.

Ja, was denn nun? Das eine hört sich positiv an, das andere negativ.

Es ist, wie gesagt, beides. Jede Krise hat immer zwei Seiten: Die eine weist auf die Chance zur Erneuerung hin, die andere schreit nach Reparatur.

Reparatur? Ist das schlecht?

Die Bewertung überlasse ich dir, in der Hoffnung, dass du einsiehst, dass es besser für dich ist, darauf zu verzichten. Du meinst den Gegensatz zwischen Erneuerung und Reparatur, nicht wahr?

Ja! Wieso Gegensatz?

Das fragst du mich nicht ernsthaft. Du weißt das selbst. Also bitte, lass mich nicht alles alleine tun.

Du bist ich und ich bin du! Wieso allein?

Gewonnen! Also?

Ich würde sagen, dem Gedanken der Erneuerung liegt das Wissen zugrunde, dass vorher etwas fundamental falsch gemacht worden ist. Bei einer Reparatur geht man wohl davon aus, dass alles im Prinzip richtig ist, dass nur eine Kleinigkeit verändert werden muss.

Und so handelt die Menschheit momentan. Jedenfalls die Regierenden. Und die tun es, weil die meisten Menschen das so wollen. Nicht alle, nur 99,999%.

Jetzt bist du sarkastisch.

Die genaue Zahl spielt keine Rolle. Aber die überwältigende Mehrheit. Sicher mehr als 90% der Menschen stellen die eigene Bequemlichkeit, die vordergründige Sicherheit, das Machbare über das Wohl des Gemeinwesens. Sie sind bereit, das durchaus vorhandene Wissen über die Konsequenzen ihres Tuns nicht wahrzunehmen oder aber zu ignorieren, dass die Möglichkeit einer Veränderung besteht, oder sich hinter der Mehrheit zu verstecken, nach dem Motto: Was kann ein Einzelner schon ausrichten?

Und was wäre optimal für uns Menschen?

Erneuerung. Ihr habt damit sogar den Vorteil, dass ihr, jeder Einzelne, nach außen hin gar nicht so radikal sein müsst! Es geht um das Sein, um die grundsätzliche Haltung, die daraus entsteht, dass der Mensch mit seiner Quelle in lebendigem Kontakt steht. Das ist wesentlich. Der Rest ergibt sich von allein. Und warum? Weil durch die Reinigung des Unbewussten, vollzogen durch einige wenige Menschen, der innere Druck von den anderen Menschen genommen wird. Die unverarbeiteten, unerlebten (weil aus dem Erleben bewusst verbannten), unerlösten Probleme lagern sich im Unbewussten ab. Dort sind sie aber nicht statisch, sondern sie versuchen, ins Unterbewusstsein eines jeden Individuums vorzudringen, um verarbeitet, erlebt, erfahren und letztlich erlöst zu werden.

Dies ist eine Belastung der Seelen, eigentlich eine Art von Besessenheit. Etwas „Fremdes“ fordert *von innen* Einlass in unser Bewusstsein, will von uns gelebt werden. Natürlich gehört dies auch zum Gesamt-Spiel des Lebens; aber es überlagert im Normalfall die wirklichen Wünsche eurer Seele.

Ein wichtiges Vehikel für diese Fremdbesetzungen, wie man sie nennen könnte, ist eure Gesellschaft mit ihren kollektiven Trends, Vorurteilen, Wertmaßstäben und Handlungen. Da brauchst du gar nicht bis ins Dritte Reich zurückzugehen – heute ist das nicht anders: Der Einzelne muss sich immer mit diesen kollektiven Mustern auseinander setzen.

Damit da gar kein Zweifel aufkommt: Jeder ist Opfer und Täter zugleich. Denn jeder verdrängt, bewusst oder unbewusst, solange er nicht die Wünsche seiner Seele als Richtschnur nimmt. Und ein jeder badet das mit aus, was unter der Oberfläche des Bewusstseins an Inhalten lauert, die gelebt werden wollen.

Das kann einem schon Angst machen!

Es kann euch aber auch dazu ermutigen, euch davon frei zu machen.

Wie ich schon sagte: Alles enthält die Chance zur Erneuerung, aber auch die Gefahr des Festhaltens am Problematischen. Bevor dein Einwand kommt: Die Wertung bezieht sich auf das Ziel des Überlebens des Gemeinwesens Erde. Und zwar zusammen mit der Menschheit!

Die Meister

Also, wenn ich das richtig verstehe, geht es nicht um das Handeln *des Menschen, sondern um seinen Bewusstseinszustand. Wenn Menschen mit sich selbst im Reinen sind, ihren seelischen Impulsen folgen und achtsam sind, dann reinigt sich dadurch das Unbewusste der Menschheit, und wenn alles gut geht, dann entwickelt sich dadurch nicht nur der Einzelne, sondern auch die Menschheit hin zu einem Punkt, wo jede Handlung automatisch lebensfördernd, lebensbejahend ist.*

Du hast es erfasst! Es gibt bereits viele Menschen, die so sind. Meistens unerkannt, weil sie sich nicht durch ihr Handeln von den anderen unterscheiden. Wer genau hinsieht, erkennt freilich den Unterschied.

Und was ist mit den so genannten Meistern, mit spirituellen, religiösen und esoterischen Führern?

Das ist unterschiedlich. Manche *denken* vorwiegend, sind aber nicht in Einklang mit sich selbst. Du kannst als Kriterium dafür, ob sie ihre eigenen inneren Impulse annehmen, also der Seele und damit Gott folgen, dein Gefühl annehmen. Befreien sie dich oder schränken sie dich ein?

Erinnere dich: Bewerten, Beurteilen und Verurteilen ist immer ein Umweg, ein Irrweg, wenn es Liebe ist, Freude, Glück, das du willst. Gott liebt alles, also wertet er nicht, denn schon der Vorgang des Bewertens entkleidet den Bewerteten seiner Einzigartigkeit, die ihm wie jedem anderen zu eigen ist. Also gilt es nicht zu bewerten, sondern zu schauen, was geschieht, und wie du dich dabei fühlst.

Man kann sich dafür entscheiden, einem Menschen zuzuhören, seine Bücher zu lesen, ihn als Lehrer anzunehmen – oder man entscheidet sich dagegen. Da gibt es kein Richtig oder Falsch. Und man kann dies auch tun, ohne den Menschen zu bewerten. Dein Lehrer von heute kann im Übrigen morgen für dich ohne Bedeutung sein. Alles fließt.

Aber gibt es nicht große Meister, die für alle Menschen maßgebend sind? Was ist mit Jesus Christus? Was ist mit Mohammed, was mit Buddha, was ist mit den Propheten Israels?

In deiner Frage liegt die Antwort. Ja, wer denn nun? Nur einer, oder mehrere? Oder ist das kulturspezifisch? Oder geographisch bedingt?

Die Antwort ist: Ja, es gab und gibt große Meister. Aber niemand von ihnen ist für alle maßgebend. Und der Umstand, dass sie Meister waren, sagt ja eigentlich nur aus, dass sie sich nicht nur an ihre wahre Natur erinnerten und danach lebten, sondern dieses Bewusstsein auch in ihren Mitmenschen anzuregen trachteten.

Meister sein heißt: Ich bin so, ich handle so, und ich leite andere dazu an. Dies tue ich selbstverständlich im geistigen und kulturellen Rahmen meiner Zeit. Bei den Bewohnern Palästinas vor 2000 Jahren war eine andere Vorgehensweise, ein anderer Denkstil notwendig als 400 Jahre vorher in Griechenland oder Indien oder heute in Mitteleuropa. Man muss die Menschen dort abholen, wo sie sich befinden, wenn man sie wirklich erreichen will.

Übrigens war auch nicht alles ewige Wahrheit, was diese Meister gesagt haben.

Nicht alles, was Jesus Christus gesagt hat, ist wahr? Du sprichst von nachträglichen Verfälschungen und Übersetzungsfehlern, nicht wahr?

Nein.

Du meinst, er hat gelogen?

Was ist Lüge? Ist Phantasie Lüge? Ist das, was du vor dir siehst, wahr? Ist es wahr, dass diese Tinte in deinem Füllfederhalter blau ist? Und wenn ja, warum? Ich will es dir sagen: weil ihr Menschen euch darauf geeinigt habt, bestimmte Frequenzen, die ihr durch die Sehnerven ans Gehirn weitergebt, als Farbe zu empfinden, die ihr in Deutschland als blau bezeichnet. Nicht nur die Bezeichnung, auch das Farbempfinden ist eine Konvention bzw. ein Bündel von Konventionen, das ihr in den vielen Generationen eurer Existenz entwickelt habt, weil es euch nützlich erschien. Andere Lebewesen kommen ohne Farbwahrnehmung aus. Was ist nun wahr: Gibt es Farbe oder nicht?

Ich glaube, ich verstehe. Das, was für mich wahr ist, muss nicht zwangsläufig auch für andere wahr sein. Das ist es, was du mir sagen willst!

Ja. Was ist Wahrheit? Wahrheit ist das, was aus den Tiefen deines Bewusstseins in dir aufsteigt und durch dich wirkt. Insofern ist es immer *deine* Wahrheit oder *seine* Wahrheit. *Die* Wahrheit als etwas *für alle Gültiges* gibt es auch – aber nur jenseits von Zeit und Raum. Im Augenblick, wo sie hier und jetzt zum Ausdruck kommt, ist es „nur noch“ die Wahrheit desjenigen, der sie zum Ausdruck bringt, oder richtiger, der den Ausdruck zulässt. Der die Wahrheit durchlässt, der durchlässig ist. Dies muss übrigens nicht verbal geschehen, in jedem Tun kann sich Wahrheit zeigen. Und selbstverständlich wird durch *deine* Wahrheit auch die Wahrheit an sich, die Wahrheit jenseits von Raum und Zeit, dazu angeregt, im Relativen, also in den Manifestationen aufzuscheinen.

Ich habe an einem Karfreitag eine Hymne von Jesaja gehört, die mich stark an unser Thema erinnert. Soll ich sie zitieren?

Gern!

> „Wer hat unserer Kunde geglaubt? Der Arm des Herrn – wem wurde er offenbar?
> Vor seinen Augen wuchs er auf wie ein junger Sproß, wie ein Wurzeltrieb aus trockenem Boden.
> Er hatte keine schöne und edle Gestalt, sodass wir ihn anschauen mochten.
> Er sah nicht so aus, dass wir Gefallen fanden an ihm.
> Er wurde verachtet und von den Menschen gemieden, ein Mann voller Schmerzen, mit Krankheit vertraut.
> Wie einer, vor dem man das Gesicht verhüllt, war er verachtet; wir schätzten ihn nicht.
> Aber er hat unsere Krankheit getragen Und unsere Schmerzen auf sich geladen.
> Wir meinten, er sei von Gott geschlagen, von ihm getroffen und gebeugt.
> Doch er wurde durchbohrt wegen unserer Verbrechen, wegen unserer Sünden zermalmt.

Zu unserem Heil lag die Strafe auf ihm, durch seine Wunden sind wir geheilt.
Wir hatten uns alle verirrt wie Schafe, jeder ging für sich seinen Weg.
Doch der Herr lud auf ihn die Schuld von uns allen.
Er wurde misshandelt und niedergedrückt, aber er tat seinen Mund nicht auf.
Wie ein Lamm, das man zum Schlachten führt, und wie ein Schaf angesichts seiner Scherer, so tat auch er seinen Mund nicht auf.
Durch Haft und Gericht wurde er dahingerafft, doch wen kümmerte sein Geschick?
Er wurde vom Land der Lebenden abgeschnitten und wegen der Verbrechen seines Volkes zu Tode getroffen.
Bei den Ruchlosen gab man ihm sein Grab, bei den Verbrechern seine Ruhestätte, obwohl er kein Unrecht getan hat und kein trügerisches Wort in seinem Mund war.
Doch der Herr fand Gefallen an seinem zerschlagenen (Knecht), er rettete den, der sein Leben als Sühneopfer hingab.
Er wird Nachkommen sehen und lange leben. Der Plan des Herrn wird durch ihn gelingen.
Nachdem er so vieles ertrug, erblickt er das Licht. Er sättigt sich an Erkenntnis.
Mein Knecht, der gerechte, macht die vielen gerecht; er lädt ihre Schuld auf sich.
Deshalb gebe ich ihm seinen Anteil unter den Großen, und mit den Mächtigen teilt er die Beute, weil er sein Leben dem Tod preisgab und sich unter die Verbrecher rechnen ließ.
Denn er trug die Sünden von vielen und trat für die Schuldigen ein."

(Jesaja 53)

Das ist die Wahrheit. Jesajas Wahrheit.

Da steht in verschiedenen Varianten, dass der Knecht Gottes das Schicksal von anderen Menschen trug.

Ja, wir haben über diesen Mechanismus gesprochen. Das ist natürlich keine Vorausschau auf Jesus Christus, sondern eine allgemeine Beschreibung der Wirklichkeit.

Das hört sich, muss ich doch noch einmal sagen, nicht so toll an!

Es ist keine Anweisung, wie man sich verhalten sollte. Es ist eine Beschreibung, formuliert in aller Härte. Dies wird häufig so empfunden von denjenigen, die vollständig oder fast vollständig im Einklang mit ihrer inneren Natur sind.

Auch von denjenigen, die schon im Einklang mit sich sind?

Es gibt da eine Übergangszeit, in der noch nicht alles stabil ist. Eine Zeit der Metamorphose. Aus der Puppe wird ein Schmetterling. Die Zeit des Schlüpfens ist besonders schwierig bzw. wird als besonders schwierig empfunden. Manche reden da von den letzten Versuchungen. Manche bleiben da hängen und vollziehen nicht den entscheidenden Schritt in die Freiheit. Die Gesellschaft, so wie sie heute strukturiert ist, unterstützt sie dabei, in Abhängigkeit zu bleiben.

Gott

Hör mal, ich weiß, dass mein Denken jetzt sehr sprunghaft ist, aber gerade ist mir eine Idee gekommen: Wenn eine Wahrheit immer meine *oder* deine, *also immer die* Wahrheit von jemandem *ist, dann muss es doch wohl mit Gott genauso sein?*

Du hast es erfasst! Sehr gut. Darauf habe ich gewartet.

Es kam als Idee so blitzartig, dass du es mir geschickt haben musst.

Was glaubst du, wie viele Botschaften ich unentwegt absende, und was glaubst du, wie viele wahrgenommen und wie viele beachtet werden? Aber wir sind geduldig, anders als ihr Menschenwesen.

Aber ja! GOTT als letzte Instanz ist für euch nicht als solcher erfahrbar. Und deshalb ist Gott für dich immer *dein* Gott! Und deshalb können andere Menschen auch immer an deinem Gottesbild herummäkeln. Es muss ja nicht *ihrem* Gott entsprechen. Obwohl die meisten, die daran herummäkeln werden, es tun, weil du es wagst, einen eigenen Gott zu erkennen und nicht dem Gemeinschaftsgott zu huldigen.

Es gibt also einen Gemeinschaftsgott!

Einen Popanz, ja!

Au weh, man wird mich zerreißen! Und du bist schuld.

Ich bin der Herr, dein Gott! *Dein* Gott, verstehst du? Ein lebendiger Gott, der in dir lebt und mit dir lebt, der durch dich wirkt. Und über dich wacht.

Auch euer Gemeinschaftsgott war einmal ein lebendiger Gott und ist es noch heute in den Herzen mancher Menschen. Aber man hat ihn beschränkt, eingekerkert in den Mauern der Vorstellungen eurer Priesterkasten. Er wurde geopfert, aber er stirbt nicht in Ewigkeit. Amen!

Es gibt ihn also schon noch, einen Gemeinschaftsgott neben dem „individuellen Gott“?

Jede Gemeinschaft hat ihren Gott. Die Menschheit als Ganzes, eine Familie, eine Dorfgemeinde, ein Kulturkreis. Sie sind als Gemeinschaft zu erkennen, weil sie einem gemeinsamen Gott huldigen. Oder sollte ich sagen „Gottesbild“?

Kulturkreise beziehen ihre Gemeinsamkeiten aus diesem gemeinsamen Gottesbild. Ist es nur ein oberflächliches Bild, oder lässt es auch den Blick auf Gott selbst zu? Das ist immer die Frage. – In eurem christlichen Kulturkreis ist es überwiegend ein Bild mit darum herum aufgestellten moralisch-ethischen Grundsätzen.

Wie können wir wieder zu Gott zurückfinden?

Der Zugang zu eurem Gott, dem Christengott, ist nur möglich durch euer Inneres, durch eine Befreiung von den mit ihm verknüpften Regeln und Vorstellungen. Die Bilder, die geistigen Bilder und Konzepte, die mit ihm verbunden sind, schränken euren Gott ein, so weit, dass er vorwiegend als Festiger für eure Gesellschaft dient.

Und so wurde er auch von Anfang an konstruiert. Schon in frühester Zeit wurden alle Elemente des Christentums, die anarchisch waren, weil sie damalige staatliche und moralische Werte infrage stellten, abgeschafft, abgeschwächt oder relativiert. Dies wurde immer weiter verfeinert, bis es nicht mehr um den Zugang zu Gott und das Annehmen des göttlichen Willens ging. Stattdessen diente das Christentum der Rechtfertigung des Willens der jeweiligen Machthaber.

Hätte Jesus das nicht vorhersehen können?

Er war kein praktischer Visionär, er wollte nicht die Zukunft beeinflussen. Er lebte im Hier und Jetzt und erklärte und heilte. Und dies ganz kompromisslos.

Dann hat also unser Gottesbild gar nichts mit seinem zu tun!

Nichts, aber auch gar nichts! Wenn man davon absieht, dass Gott unveränderlich ist und als solcher in jedem Bild, also auch in jedem Gottesbild hinter der Oberfläche wirkt. Aber euer christliches Gottesbild, auf das viele von euch so stolz sind, schränkt eure Freiheit stark ein. Was für eine Perversion, den Befreier zum Gefängniswärter zu machen. Die Menschheit ist wirklich schöpferisch!

Du bist sarkastisch! Mich stimmt das traurig.

Es ist dein Sarkasmus, den ich zum Ausdruck bringe. Ich bin nicht traurig.

Gott lässt sich nicht töten. Man findet ihn hinter jedem Bild. Nicht *in* jedem Bild – *hinter* jedem Bild. Also auch hinter eurem Gottesbild. Aber es ist gut zu wissen, dass das Bild, *jedes* Bild, Gott nur verschleiert. Zu finden ist er in keinem Bild, denn er ist unbegrenzt. Amen.

Ich danke dir für diese klaren Worte. Ich danke dir dafür, dass ich sie aufschreiben darf. Überhaupt möchte ich zum Ausdruck bringen, wie dankbar ich für dieses Geschehen, dieses Diktat bin. Und ich meine damit nicht, dass ich mich verbal bedanken möchte. Ich möchte mich im Handeln bedanken.

Der Geist

Unterschätze die Worte nicht. Aber du hast Recht: Was nur in Worten geschieht und nicht ins Verhalten durchdringt, bringt euch nicht weiter. An ihren Taten werdet ihr sie erkennen.

Ich dachte, das Sein ist entscheidend.

Ja, das Sein drückt sich im Verhalten aus. Das Denken bietet eigentlich nur eine Rechtfertigung für das Handeln. Diese Rechtfertigung kann dem Handeln auch vorausgehen. Dies ist dann ein Mechanismus des Egos, er dient der eigenen Sicherung.

Aber natürlich ist dies nicht alles, was über das Denken zu sagen ist. Denn selbstverständlich braucht ihr das Denken auch für jede Art von Erkenntnis, Verständnis und Einsicht. Es ist bewusstseinsbildend und -fördernd. Denken setze ich hier dem Begriff Geist gleich. Wir denken mit dem Geist, wie wir mit der Seele empfinden.

Warum hast du mich dann vor dem Geist gewarnt?

Was heißt gewarnt? Ich habe darauf hingewiesen, dass der Geist sich täuschen kann.

Es geht um Folgendes: Wenn ihr Empfindungen, die in euch aufsteigen, nicht annehmen wollt, das heißt, nicht leben wollt, dann könnt ihr das nicht, ohne dafür eine Rechtfertigung zu finden. Eine Rechtfertigung vor euch selbst.

Wenn euch etwas anzieht, dann sagt ihr nicht nur einfach „Das will ich nicht“, sondern ihr sucht auch noch eine Begründung dafür. Ihr benutzt (und missbraucht damit) euer Denken, euren Geist, um die Wünsche eurer Seele nicht zu erfüllen. Das ist nicht die einzige Möglichkeit, euren Geist zu benutzen – aber es ist einer der Gründe, warum der Geist bei euch so beliebt ist. Er liefert Rechtfertigungen und Vorwände für alles und jedes. Und darüber hinaus liefert er noch die Illusion, alles begreifen und damit alles kontrollieren zu können. Dies alles geschieht, wenn ihr euch aus Angst gegen die Liebe, gegen eure Seele, gegen euer Empfinden, gegen Gott entscheidet.

Deswegen kann der Geist ein mächtiges Instrument sein, für oder gegen die Seele, für oder gegen das Glück, für oder gegen die Liebe. Er ist ein gehorsamer Diener. Er bewertet alles und selektiert, was ihr zur Kenntnis nehmt. Dies gilt für eure Umwelt wie auch für euer Inneres.

Manche Empfindungen unterdrückt er, aber er tut es in eurem Auftrag! Zuerst ist da die Angst, dann die Entscheidung, das, was Angst macht, nicht mehr erfahren zu wollen. Das Instrument, die Erfahrung zu verhindern, ist der Geist. Daraus entstehen innere Einstellungen, die den Menschen, je nachdem wie rigide er sein Verhalten an sein Denken knüpft, erheblich einschränken.

Das Ganze geschieht im Übrigen besonders machtvoll im Kollektiv. So entstanden und entstehen Religionen, Weltanschauungen, Inquisition, politische Systeme, Ideologien, Wirtschaftssysteme, soziale Netze, Staaten, Kriege, aber auch Erfindungen, Philosophien, spirituelle Strömungen. Diese haben eines gemeinsam: Sie haben keine Wertigkeit an sich. Sie sind Produkte des Geistes, der damit den zugrunde liegenden Empfindungen der Menschen Rechnung trägt, indem er sie annimmt oder ablehnt. Er verleiht ihnen in jedem Fall eine Form, eine geistige Form, die ins Leben drängt.

Die Seele bzw. die Seelen spielen das Spiel mit, weil es die Vielfalt der Ausdrucksmöglichkeiten, auf die gesamte Menschheitsgeschichte bezogen, erhöht hat und erhöht.

Der einzelne Mensch wird dadurch allerdings im selbstbestimmten Ausdruck eingeschränkt. Wer als Mann seine Jugend im Zweiten Weltkrieg in einer Armee verbracht hat, hatte damals sicher weniger Möglichkeiten, sich zu entscheiden und sich auszuleben, als der durchschnittliche junge Mann heute.

Aber die Seele ist unsterblich und erwartet gar nicht, dass sie in diesem Leben eine Unmenge von Möglichkeiten hat. Sie ist nicht in Raum und Zeit gefangen und daher in der Lage, alles zu verschiedenen Zeiten und an verschiedenen Orten zu erleben.

Also, der Geist kann uns dabei helfen, unsere Bestimmung, unsere innersten Wünsche zu verdrängen.

Er kann uns auch unsere Bestimmung vermitteln. Das ist seine eigentliche Aufgabe. Er lässt uns die Bedeutung dessen erkennen, was wir sehen. Dieser Dialog ist ein Dialog deines Geistes. Die Voraussetzung dafür, dass er funktioniert, ist allerdings deine Fähigkeit, dich innerlich von deinen eigenen Erwartungen freizumachen. Der Geist kann nur Göttliches empfangen und vermitteln, wenn er zuvor leer ist.

Ich habe festgestellt, dass meine Inspiration schnell versiegt oder sich sogar überhaupt nicht einstellt, wenn ich mir zu viele Gedanken mache. Deshalb schreibe ich manchmal tagelang nichts. Aber auch sonst plagen mich des Öfteren Zweifel, ob es sich bei meinem Schreiben um eine Kommunikation mit dem Unbewussten, mit meinem Gott, handelt. Manche Gedanken, die ich niederschreibe, sind mir seltsam vertraut.

Der Geist ist das Bindeglied zwischen Gott und dem Menschen.

Ja, ja, ich weiß, irgendwann habe ich die Rolle der Seele hervorgehoben. Die Seele *ist* letztlich Gott. Sie bedarf keiner Reflexion. Der Mensch, sein ICH (nicht zu verwechseln mit dem Ego), kann Gott werden, indem er seinen eigenen Impulsen folgt. Und sich an seinen göttlichen Ursprung erinnert. Beides ist notwendig.

Der weglose Weg des Menschen zum eigenen SELBST ist also zweigeteilt. Ein Teil läuft über das Empfinden. Der andere über das Bewusstsein. Beide Teile kann man gleichzeitig, abwechselnd oder nacheinander durchlaufen, wie man will. Die Priorität hat aber das Empfinden.

Warum? Sind Einsicht und Bewusstsein nicht ebenso wichtig?

Doch Aber nicht in dem Sinne, wie es eure Denker verstehen. Es geht nicht darum, einen immer größeren Teil des Lebens geistig zu erfassen und darüber nachdenkend zu bewältigen. Dies ist natürlich ein interessanter Teil des Lebensspiels, aber nicht unabdingbar für die Erinnerung an die eigene göttliche Natur. Es ist so nicht notwendig und, wie oben ausgeführt, meistens ein Versuch, Kontrolle über das Leben zu gewinnen. Wenn dies der Fall ist, behindert es die Erinnerung.

Deshalb ist ein wacher, aber leerer Geist die optimale Voraussetzung für die Erinnerung. Der Geist als ein Gefäß, das bereit ist, das Göttliche einfließen zu lassen.

Das erinnert mich an die Geschichte des Philosophieprofessors, der zum Zen-Meister kommt.

Erzähle!

Ein Professor der Philosophie kam zum Zen-Meister Nan-In und stellte ihm viele Fragen über Gott. Der Meister schwieg und kochte erst einmal in aller Ruhe Tee. Er sagte dem Professor, dass das Teetrinken seine Fragen vielleicht beantworten würde. Man kann sich leicht vorstellen, was der Professor dachte, als er das hörte. Dann nahm der Meister den Teekessel und goss Tee in die Tasse. Die Tasse war voll und der Meister goss immer weiter. Die Untertasse war auch schon voll. Da rief der Professor: „Halt! Was tust du da? Siehst du nicht, dass die Tasse voll ist und die Untertasse auch?“ Nan-In sagte: „Du bist so voll von Gelehrsamkeit und voll von Fragen, dass du meine Antworten gar nicht aufnehmen könntest. In dir ist kein Platz mehr. Geh zurück, leere deine Tasse, und komm dann wieder.“

Ja, er war ein großer Meister.

Das ist es, was du gemeint hast, nicht wahr?

Ja. Der Versuch, alles, was man wahrnimmt, sofort sauber in geistige Schubladen einzuordnen, führt automatisch zu einer verzerrten Weltsicht. Zu einer Täuschung, weg von der Wirklichkeit. Denn das Leben ist nicht in euer kleingeistiges Weltbild zu pressen. Ja, auch eure Geistesgrößen sind, gemessen am möglichen Gesamtwissen über alle Dimensionen des Universums, winzig kleine Lichter. Wenn man das quantifizieren könnte, hätte wohl niemand auch nur ein Promille erfasst. Aber das ist ja auch völlig unnötig! Denn die lebendige Verbindung mit dem großen Gott jenseits von Raum und Zeit macht jede Einsicht möglich, wo sie wesentlich ist, und sie macht jede Einsicht überflüssig, weil man intuitiv vom göttlichen Impuls geleitet wird.

Das ist interessant. Letzte Woche hat eine Bekannte mir ziemlich unverblümt gesagt, dass es wohl mein persönliches Problem sei, die Welt nicht wirklich erfassen zu können. Ist es mein persönliches Problem?

Es ist nicht dein Problem in dem Sinn, dass du eine geringere geistige Kapazität als andere hättest – im Gegenteil. Gerade deine Fähigkeit, vieles zu überblicken, vermittelt dir die schmerzhafte Erfahrung, dass du nie alles verstehen wirst. Dein persönliches Problem ist vielmehr, dass du es überhaupt als Schmerz empfindest, nicht alles begreifen zu können. Sei doch froh, dass du diese Arbeit los bist! Es ist nicht möglich – und es ist nicht nötig! Wenn es die Vereinigung mit deinem Gott ist, was du willst, dann ist es sogar schädlich, sich ständig zu bemühen, alles zu verstehen. Gott beginnt dort, wo das Verstehen endet.

Gott beginnt dort, wo das Verstehen endet ...

Du weißt aus der Kreativitätsforschung, dass ein kreativer Mensch sich dadurch auszeichnet, dass er nicht immer gleich glaubt, alles zu verstehen und alles verstehen zu müssen. Er lässt die Probleme auf sich wirken, hält die scheinbare Unlösbarkeit aus, vermeidet es, Scheinlösungen zu akzeptieren und wartet auf den Durchbruch der Kreativität. Der Durchbruch, die Inspiration, das ist der Hauch Gottes in eurer Welt, der Heilige Geist. Jemand, der versteht (der zu verstehen *glaubt*), der „braucht" den Heiligen Geist nicht (er hat schließlich alles selbst im Griff). Und er ist nicht vollkommen und wird auch nicht vollkommen. Werdet lieber wie die Kinder.

Das Konkurrenzspiel

In unserer Gesellschaft sind viele Kinder schon zu kleinen Monstern geworden. Sie tyrannisieren ihre Umwelt, werden von Termin zu Termin gehetzt, surfen im Internet und sind krank.

Ja, ja, eure Gesellschaft!

Das hört sich wie ein Seufzer an.

Es ist dein Seufzer, euer Seufzer. Ihr seid „arme, gehetzte Wesen“, auch eure Kinder. Alles wollt ihr haben, nichts wollt ihr verpassen, nichts auslassen, alles wollt ihr wissen, alles kontrollieren. Sicherheit ist euer goldenes Kalb, und der Ausbruch aus der Sicherheit ein kalkuliertes Spiel.

Mit Ausbruch meinst Du Abenteuerurlaub oder Computerspiele?

Ja. Oder den Seitensprung. Oder den Krawall beim Fußballspiel. Oder den Krieg gegen technologisch unterlegene Staaten. Im Prinzip betreibt ihr das Spiel schon überraschend lange, ihr findet es von Generation zu Generation immer wieder neu faszinierend. Dabei ist es immer dasselbe Spiel mit demselben Ende.

Und wie sieht das aus?

Du meinst das Ende? Ihr steht vor dem Scherbenhaufen eurer Sicherheit. Und dann geht es von vorne los. Ihr habt bereits Kontinente zerstört, Kulturen, ihr seid zerstört worden, eure Körper, eure Familien, eure Staaten, ihr seid umgebracht worden oder verhungert, aber ihr spielt immer weiter das Spiel. Mal wart ihr Täter, dann wieder Opfer, das läuft alles aufs Gleiche hinaus. Ein Spiel, das die menschliche Spezies unentwegt fasziniert. Ich finde es spannend, zuzuschauen und zu sehen, dass ihr euch immer neue Begründungen für das gleiche alte Spiel ausdenkt. Es heißt: Konkurrenz. Konkurrenz auf allen Ebenen. Sogar eure Religionen konkurrieren miteinander. Eine heilige Kuh, die ihr einfach nicht schlachten wollt oder könnt.

Ihr seid sogar in Konkurrenz zu Gott. Das Bewusstsein konkurriert mit dem Unterbewusstsein und mit dem Unbewussten. Da ist natürlich

„Action angesagt“. Für die Täter. Die Mehrheit ist aber auf der Opferseite, sie weiß es nur noch nicht, weil es ihr gut geht, materiell. Und auch die Täter sind Opfer, weil Täter und Opfer, Sieger und Verlierer, nur die zwei Seiten einer Medaille sind, und die heißt *Konkurrenz*. Selbst Gott ist zeitweise Opfer. Dies betrifft alle dem Menschen zugänglichen Ebenen, also auch und gerade das Geistige, auch wenn es dort nicht so sichtbar wird.

Darum habt ihr auch keine wirkliche Kultur! Wie kann eine Kultur entstehen, wenn in der Gesellschaft jeder gegen jeden arbeitet? Wenn jeder für sich arbeitet, in Konkurrenz zu jedem anderen? Wenn jeder beweisen will, dass er besser ist als der andere? Das bringt Leistung hervor, aber keine Kultur. Keine Religion. Keine Liebe. Und Mangel an Liebe ist nicht nur das Ergebnis, sondern auch die Ursache eurer Konkurrenzgesellschaft.

Immer, wenn du eine solche Lagebeurteilung abgibst, stimmt mich das sehr traurig und auch ein wenig pessimistisch. Ich sehe, dass du die Situation richtig schilderst. Und leider bin auch ich auch darin verwickelt und mit schuld an der ganzen Misere. Ich kämpfe immer noch innerlich mit mir, ob nicht ein radikaler Ausstieg der richtige wäre. Oder der radikalste Ausstieg überhaupt: der Tod!

Gemach, gemach! Der Tod löst Probleme nicht! Du brauchst nicht entmutigt zu sein. Auch Depressivität löst deine Probleme nicht. Aber sie ist verständlich und sinnvoll.

Du rechtfertigst Depressionen? Machst du Witze?

Diese Welt erleben, als Mensch, und dabei nicht zeitweise in Depressionen zu verfallen ist ein Zeichen für mangelnde Sensitivität. Ein Zeichen für unterentwickeltes Bewusstsein. Erst ein vollkommener Mensch, der das Spiel des Lebens ganz durchschaut, kann frei und unbeschwert leben. Wer nicht vollkommen ist, wird in dieser Welt, wie ihr sie erschafft, immer wieder niedergeschlagen und mutlos sein. Dies ist jedoch keine Aufforderung, so zu sein! Selbstverständlich ist eine grundsätzlich positive innere Haltung für euch günstiger, weil diese Haltung dann in euren ständigen Prozess des Erschaffens einfließt. Aber die aufgesetzte Positivität mancher Menschen, die in Seminaren verkauft wird, hilft euch nicht.

Es ist wie im Märchen: Wer glaubt, schlau zu sein und alles aus eigener Kraft meistern zu können, scheitert dort, wo es darauf ankommt. Der Dümmling, der Jüngste, der Unerfahrenste, der nur auf Hilfe hoffen kann, der verzweifelt ist, weil er merkt, dass die Aufgaben zu schwer für ihn sind, der schafft es. Hilfe naht. Siehe, er ist vollkommen, denn er ist offen. Die Schale wird gefüllt vom Schicksal, von Gott, vom Unbewussten. Hilfe fließt ihm zu, er hat Glück, und er wird erfüllt. Er heiratet die Prinzessin und erbt das Königreich. Und wenn sie nicht gestorben sind, dann leben sie noch heute. Und, im Vertrauen gesagt – sie leben noch heute, weil es noch immer Märchen und Sagen gibt. Aber auch dieses Wissen wird zunehmend durch wohlkalkulierte Stories ersetzt, durch Computerspiele und Fernsehserien. Der Turm zu Babel auf einer grundlegenderen Ebene, das ist es, was bei euch abläuft.

Wollt ihr selbst, dass es so weitergeht? Die Entscheidung liegt bei dir, bei euch, bei der Menschheit insgesamt. Mutter Erde ist gespannt auf eure Antwort. Sie ist so geduldig!

Ich will nicht*, dass es so weitergeht! Wir drehen uns in einem aberwitzigen Karussell, in dem immer mehr Menschen ihre Mitte aus den Augen verlieren, weil sie unentwegt damit beschäftigt sind, auf die Drehungen zu reagieren. Und dabei haben sie Angst, dass das Drehen aufhören könnte und sie auf sich selbst zurückgeworfen werden würden.*

Ja, da hast du Recht. Es ist gut, dass du das nicht willst, und es ist gut, dass du deinem Willen gemäß handelst, zumindest weitgehend. Denn deine Einschätzung ist richtig. Aber Mutter Erde ist geduldig und gibt euch immer wieder eine neue Chance. Gott ist jenseits von Geduld und Ungeduld. Er drängt euch zu nichts in Ewigkeit!

Manchmal denke ich, es wäre besser, du würdest uns ab und zu einmal unmissverständlich die Meinung sagen.

Das geschieht, nicht ab und zu, sondern unentwegt! Aber die Menschheit hat eine Meisterschaft im Nichtverstehen entwickelt. Und wo man versteht, handelt man nicht danach! Nun, es ist euer Leben, und es ist mein Leben. Ich liebe jede Faser des Lebens, auch das, was ihr als böse bezeichnet. Die Probleme liegen bei *euch*, denn *ihr Menschen* leidet unter den selbstgeschaffenen Problemen. Natürlich auch die Tiere und Pflanzen. Auch dies übrigens nur, wenn man es aus eurem Blickwinkel sieht. Jede einzelne Pflanze und die meisten Tiere leiden nicht in dem Sinn, wie ihr leidet, weil sie nicht reflektieren.

Aber es gibt Wesenheiten, die mit dem Pflanzen-, Tier- und Mineralreich verbunden sind. Diese leiden. Dies ist jedoch nicht der Ort, darüber zu reden.

Vielleicht später einmal?

Bestimmt! Aber nicht in diesem Buch. Also, diese Wesenheiten leiden unter eurem Tun. Und so auch die Wesenheit ERDE!

Womit wir wieder beim Thema sind.

Ja. Es liegt an euch, ob ihr im Gemeinwesen ERDE weiter mitspielt oder ob ihr vom Spiel ausgeschlossen werdet.

Gott würde uns ausschließen?

Ihr würdet euch selbst ausschließen.

Der Fluss des Lebens

Können wir das alles noch einmal zusammenfassen?

Ich denke, das ist nicht notwendig! Wenn du das wieder und wieder liest, wird dir vieles klarer werden. Die scheinbaren Wellenbewegungen und Brüche im Text sind nicht Zufall, sondern Absicht. *Meine* Absicht. Denn so ist das Leben. Es ist niemals geradlinig. Es verläuft in Schwingungen, in Ebbe und Flut, in Hochs und Tiefs, in Bewegung und Stillstand, in Rhythmen. In Leben und Tod. In Tod und Wiedergeburt. In Erschaffen und Zerstören. Und so weiter in Ewigkeit.

Auch die persönliche Bewusstseinsentwicklung verläuft so. Du erinnerst dich ein wenig an deine göttliche Herkunft und vergisst sie wieder, aber – ein Same ist gelegt. Und du erinnerst dich wieder, diesmal vielleicht ein wenig mehr. Und dein erweitertes Bewusstsein spiegelt sich in deinem Denken. Und dann verfällst du wieder in alte Muster, bis ein neuer Impuls dich wieder daran erinnert, wer du bist. Und dein Denken verändert sich wieder, vielleicht ein wenig mehr. Und dein Verhalten stellt sich auf dein Bewusstsein ein. Doch dann fällst du wieder in alte Verhaltensmuster zurück. Aber irgendwann geht es doch auf neue Weise weiter.

Das ist der Lauf des Lebens. Wie ein Fluss, der sich dem Meer zu schlängelt. Er verläuft niemals geradlinig, niemals! Und wenn ihr ihn begradigt, ist er beschädigt. Und er beschädigt euch.

Wie meinst du das?

Dass er selbst beschädigt ist, darüber können euch eure Biologen Aufschluss geben. Ebenso darüber, dass das Ökosystem in Mitleidenschaft gezogen wird. Aber noch wichtiger ist die geistige Zerstörung. Jeder Fluss ist ein Symbol, aber nicht nur das. Er steht nicht nur *für* den Fluss der Lebenskraft, er *ist* der Fluss der Lebenskraft. Ihn zu kanalisieren, nutzbar zu machen, heißt die Lebenskraft zu kanalisieren, nutzbar zu machen. Nutzbar für wen?

Ich denke, für die meisten Menschen ist das kein Problem. Natürlich will jeder seine Lebenskraft selbst nutzen, um gut zu leben und das zu erreichen, was er erreichen will.

Siehst du, und hier kann man noch etwas lernen! Die Seele will im Strom des Lebens fließen und mitschwingen. Nur einer will begradigen und abkürzen und nutzbar machen: das Ego! Was immer du ausschließlich für einen Nutzen tust, tust du für dein Ego. Das Ego ist der Herr der Zwecke. „Der Zweck heiligt die Mittel", sagt ihr. Was für eine Farce. Das Wort „heiligen" im Zusammenhang mit Zwecken zu verwenden ist ein Sakrileg. Und das Strafmaß setzt derjenige, der so denkt, selbst fest: Er spaltet sich vom wirklichen Leben ab. Mit allen Konsequenzen.

Aber was ist mit meinen Lebenszielen? Sind die alle vom Ego bestimmt? Das kann ich mir nicht vorstellen!

Nein, vom Ego sind sie nicht festgelegt, jedenfalls nicht immer.

Aber oft?

Jedenfalls zu oft. Trotzdem ist bei weitreichenden Visionen immer auch die Seele im Spiel. Einmal abgesehen von der Soviel-Geld-wie-möglich-Vision und ähnlichen Visionen. Das Ego will nämlich die Befriedigung der Bedürfnisse, und zwar sofort. Eine länger andauernde Vision, die auch bestehen bleibt, wenn anderes in den Vordergrund rückt, stammt immer von der Seele. Aber sie ist nicht unbedingt das, was man *deine Schöpfung* nennen kann.

Manche Visionen sind schon vor deiner Geburt angelegt, damit bestimmte Erfahrungen für dich zwingend werden, weil die Seele sie gern machen will. Deshalb manövriert die Seele dich in Situationen, die Wünsche in dir aufkeimen lassen. Diese Wünsche sind Schöpfungen deiner Seele, aber nicht *deine* Schöpfungen. Und je nach dem

Bewusstseinsstand eines Menschen kann er sie auch aufgeben und neue Visionen entwickeln. Das sind dann eigene Schöpfungen, die vom konkret inkarnierten Menschen ausgehen. Wenn sie in Übereinstimmung mit den Wünschen der Seele sind, gehen sie in Erfüllung.

Du hast eine sagenhafte Begabung, mich zu verwirren. Jetzt unterscheidest du auf einmal zwischen meinen *Wünschen und denen* meiner Seele. *Aber ich bin ein Teil meiner Seele, oder nicht?*

Ja, aber du bist ein *inkarnierter* Teil der Seele. Daher ist ein Wunsch der Seele automatisch ein Teil deiner Wünsche, aber als eigenständiges Wesen kannst du auch eigene Wünsche entwickeln, die idealerweise mit den Wünschen der Seele in Übereinstimmung sind. Das muss aber nicht sein. Sie können auch aus dem Ego kommen. Du bist also keine Marionette deiner Seele. Du kannst den Plan deiner Seele ändern oder *bewusst* durchführen, aus dem eigenen Entschluss heraus.

Jesus Christus kam mit dem Willen der Seele auf die Welt, als Person durch sein Schicksal ein Zeichen zu setzen, und er hat das während seines Lebens als Person bewusst für sich gewählt. Er hätte sich auch dagegen entscheiden können, ohne dass es seiner Göttlichkeit Abbruch getan hätte. Er hätte sich für einen anderen Weg entscheiden können.

Aber dann wäre er nicht Gottes Sohn gewesen, würde ein Theologe vielleicht sagen.

Unsinn! Der Sohn ist nicht der Sklave seines Vaters!

Ich meine ja nur! Und wer hätte dann die Welt erlöst?

Die Welt erlöst sich jeden Tag neu. Sie wurde nicht nur einmal erlöst. Jesus hat die Welt erlöst, wie viele andere vor ihm und nach ihm, indem er sich selbst erlöste. Ob er dies am Kreuz tat oder in seiner Arbeit oder durch Rückzug in die Einöde, macht in der Tat einen Unterschied – nur nicht für das Faktum der Erlösung. Jede Erlösung eines Einzelnen ist die Erlösung aller. Und jeder Einzelne muss sich bewusst für seine Erlösung entscheiden, sonst helfen ihm tausend Jesusse nicht.

Das bedeutet, ich kann mein Leben frei gestalten. Völlig frei – oder nur relativ frei?

Völlig frei! Aber – es ist mühsam, alles jederzeit neu zu entscheiden. Nicht sehr praktisch. Und es funktioniert natürlich auch erst dann, wenn man sich vollständig an sein wahres Selbst erinnert und diese Erinnerung beharrlich aufrecht erhält. Um dorthin zu gelangen, ist ebenfalls Beharrlichkeit erforderlich. Immer und immer wieder sich dafür zu entscheiden, sich zu erinnern – an die Einheit jenseits der Vielfalt. Auch ansonsten ist dies der Schlüssel zum Erfolg: beharrlich das durchführen, was du beschlossen hast durchzuführen.

Allerdings lassen sich meistens nur Wünsche der Seele langfristig durchhalten. Das Ego lässt sich erfahrungsgemäß leicht ablenken. Die Seele kann beharrlich sein, denn sie hat alle Zeit der Welt. Sie weiß, dass ihr nichts entgehen kann. Das Ego ist in Raum und Zeit gefangen und immer in Panik, etwas zu verpassen., wie ein Hund, der nicht genug bekommen kann und frisst, bis er fast platzt – und dann noch Knochen vergräbt, zur Vorbeugung gegen zukünftigen Hunger.

Ich kann mein Leben erst dann völlig frei gestalten, wenn ich vollkommen in Einklang mit meinem höheren Selbst bin. Auf dem Weg dahin habe ich aber immer größere Freiräume, nicht wahr? Ist es das, was als Versuchung vor der Erlösung beschrieben wird?

Die Macht nimmt stetig zu; die Fähigkeit, die eigenen Wünsche zu erfüllen, wächst. Dabei kann das Ziel der vollständigen Erinnerung aus den Augen geraten. Das Wort „Versuchung“ klingt so negativ. Wer verlangt denn, dass ihr in einem Rutsch erlöst werden sollt? Zieht das durch, was ihr tun wollt. Ihr habt alle Zeit der Welt und die Ewigkeit dazu! Macht mir die Freude, macht euch die Freude und spielt. Spielt beharrlich. Lasst euch nicht einfangen von „Dummköpfen“ und Fanatikern, die euch den direkten Weg zum Himmelreich zeigen wollen. Der gerade Weg ist der Weg in die Hölle – in eure selbst geschaffene Hölle.

Ein Fluss folgt beharrlich den ihm innewohnenden Kräften, und siehe, nach vielen Windungen findet er, nachdem viele sich ihm angeschlossen haben, und nachdem er viel gesehen hat, das Meer. Hat er danach gesucht? Ja und nein! Aber wie dem auch sei: Er geht im Meer auf. Das Meer braucht ihn, das Land braucht ihn. Nicht als geradlinigen Kanal, durch den das Wasser in hoher Geschwindigkeit zum Meer rast, nein, sondern als einmal gemächlich, einmal schnell fließendes, spielendes Gewässer, einmal nützlich, einmal gefährlich, einmal zerstörerisch, immer bereit, die Fruchtbarkeit seiner Umwelt zu verstärken.

Sei wie der Rhein, oder wie die Wolga, oder wie der Mississippi. Du wirst das Meer finden, ob du willst oder nicht, und ich bin das Meer, und du hast mich schon gefunden, und siehe, trotzdem bist du nicht ausgelöscht, denn der Fluss bleibt erhalten, auch wenn er das Meer längst erreicht hat. Und auch du bleibst erhalten, wenn du in Gott aufgegangen bist. Also spring rein ins Leben. Was dich anzieht, ist gut für dich, Versuchung hin, Versuchung her!

Das Böse

Ich weiß, dass du die „dubiose“ Auffassung vertrittst, es gebe nichts Böses. Um auf das Thema des Miteinanders zurückzukommen: Wenn es nichts Böses gibt, ist auch Zerstörung nichts Böses. Wenn ich also dazu beitrage, die Erde zu zerstören, den Staat zu zerstören, meine Umwelt zu zerstören, meine Stadt, meine Familie, meine Partnerschaft zu zerstören, dann bin ich nicht böse? Ich verdiene keine Strafe? Das ist dann in Ordnung?

Viele Fragen, viele Antworten:

1) Es gibt nichts Böses im Lichte Gottes.
2) Zerstörung ist ein natürlicher, unvermeidbarer Bestandteil des Schöpfungszyklus.
3) Es gibt das Böse als von euch Menschen insgesamt definiertes Etwas, das aussagt, dass ihr manche Handlungen und Gedanken nicht für wünschenswert haltet.
4) Es gibt auch das Böse als von jedem Individuum selbst definiertes Etwas, das aussagt, dass ihr individuell manche Handlungen nicht für wünschenswert haltet.
5) Dieses individuell als böse Angesehene ist in mannigfaltiger Korrespondenz mit dem, was die Menschheit, die Menschengemeinschaft und die Familie als böse ansehen.
6) Von Gott her, und das heißt letztlich auch, aus dir selbst heraus, kannst du nicht böse sein.
7) In den Augen der (menschlichen) Umwelt kannst du hingegen böse sein.
8) In deinen eigenen Augen kannst du böse sein, wenn du die Ansichten deiner Umwelt internalisiert hast (was meistens der Fall ist, umso mehr, je weniger bewusst du bist).
9) In den Augen Gottes verdienst du niemals Strafe, und wirst auch nie eine erhalten. Du hast auch noch nie eine erhalten.
10) In den Augen der Umwelt sieht das ganz anders aus. Menschen neigen dazu, alles „Böse“ zu bestrafen. Übrigens sind sie selbst, jeder Einzelne von ihnen, auch immer böse nach ihrer eigenen Definition.
11) Was immer du tust, ist für Gott in Ordnung.
12) Für dich selbst gilt dies erst im absolut erlösten Stadium.
13) Auf dem Weg dahin kannst du gut oder böse sein, nach deiner eigenen Definition.
14) Das ist in Ordnung, solange du für deine Einschätzung nicht Gott bemühst. Er taugt nicht zur Begründung deiner Bewertungen.

15) Es ist problematisch für dich, jetzt, in diesem einen Leben (wenn wir es so isoliert betrachten), wenn du die Bewertungen der Gesellschaft oder einzelner Individuen für dich übernimmst.

15 Lehrsätze! Ich danke dir sehr dafür. Bist du bereit, sie Stück für Stück abzuarbeiten und zu vertiefen?

Zu Satz 1 und 2 gibt es nichts weiter zu sagen. Ihr nehmt es an oder lehnt es ab. Daran wird keine Erläuterung etwas ändern. Wer Satz 1 nicht annehmen kann, hat Probleme mit diesem ganzen Text.

Aber was ist mit Satz 3?

Wir nehmen uns die Sätze 3, 4 und 5 zusammen vor. Eigentlich sind sie doch so verständlich, oder nicht? „Böse" oder auch „schlecht" und „übel" sind von euch Menschen definiert. Eigentlich sind sie vom Ego definiert, denn die Seele will sich ja in der Dualität ausleben und damit auch beide Pole der Dualität erleben – hell und dunkel, groß und klein und so weiter.

Mit dem Begriff „böse" führen die Menschen eine Wertung ein, die die natürliche Dualität weiter zuspitzt. Jetzt wird es richtig spannend. Ein Mensch, der vorher groß oder klein, dick oder dünn, schwarz oder weiß war, wird nun schön oder hässlich, sympathisch oder unsympathisch, gut oder schlecht, lieb oder böse.

Das eröffnet der Seele ganz neue Erfahrungsebenen. Denn ohne Wertung bist du nur anders als andere. Mit Wertung bist du plötzlich Sympathieträger oder Aggressionsobjekt, oder für manche Menschen das eine – und für die anderen Menschen das Gegenteil!

Damit ist das Ego geboren, und insofern dient die Einrichtung eines Egos der Seele. Sie kann nun ganz andere, dramatischere Erfahrungen machen. Das Leben bekommt eine neue Qualität. Allerdings ist die Freiheit des Menschen damit sehr eingeschränkt. Die Wertungen sind nämlich allesamt von der Gesellschaft vorgegeben.

Von der Gesellschaft oder vom Gemeinwesen, von dem du im Zusammenhang mit der Erde gesprochen hast?

Von der menschlichen Gesellschaft. Die Erde wertet nicht, und das ist euer Glück!

Sonst hätte sie uns längst als schlecht bewertet und abgeschüttelt, nicht wahr?
Aber werden manche Wertungen nicht auch individuell vorgenommen?

Die individuellen Wertungen basieren alle auf internalisierten Wertungen der Gesellschaft. Die Auswahl, die der Einzelne aus dem Wertekodex der Gesellschaft trifft, ist individuell.

Selbst Kriminelle, die sich über manche Werte hinwegsetzen, übernehmen andere Werte ganz selbstverständlich. Und ihr eigener „Ehrenkodex" ist den allgemeinen Wertekodices absolut vergleichbar. Eigentlich wird nur die Gemeinschaft anders definiert.

Wertfreiheit

Also, ich bin *nicht gut oder schlecht, sondern ich bewerte mich nur so, weil ich Bewertungen von außen übernehme. Das Gleiche gilt für meine Bewertung der Umwelt, in jeder Hinsicht. Ist das richtig?*

Ja. Und der Weg zur Einheit, zur dauerhaften Erinnerung an deine göttliche Natur, führt über das Annehmen der Vielfalt, *ohne sie zu bewerten*. Das gilt vor allen Dingen auch für die eigenen Gedanken und Taten. „Liebe deinen Nächsten wie dich selbst", das heißt, nimm ihn an, wie du dich selbst annimmst. „Im Guten wie im Bösen".

Tust du das?

Ich glaube, ich bin mir selbst gegenüber zu hart. Ich werte mich oft selbst ab. Anderen gegenüber bin ich verständnisvoller.

Das ist so nicht richtig. Auch andere beurteilst du manchmal recht hart. Überhaupt urteilst du oft, erfreulicherweise aber nicht immer. Grundsätzlich kannst du deine Haltung dir selbst gegenüber und deiner Umwelt gegenüber nicht trennen. Wer sich selbst ständig beurteilt, der beurteilt ebenso oft die anderen. Wer seine Mitmenschen verurteilt, der verurteilt sich selbst. Ich freue mich, dass du dich und deine Umwelt erfreulich oft wertfrei sehen kannst; es gelingt dir aber nicht immer.

Du hast Recht. Aber sag, führt diese Wertfreiheit nicht zur Emotionslosigkeit?

In der Tat ist es am schwierigsten, wertfrei zu bleiben, während gleichzeitig Emotionen ablaufen. Aber es geht.

Sind, von dieser Warte aus gesehen, Emotionen überhaupt erwünscht? Ist es nicht förderlich, die Emotionen unter Kontrolle zu behalten?

Cool sein, nicht wahr? Nein! Ihr Menschen seid so angelegt, dass ihr das, was ihr empfindet, auch zum Ausdruck bringen könnt. Hier liegt euer Gestaltungsdrang. Hier liegt euer Potenzial, die Welt zu gestalten, sie zu verändern. Euer Empfinden braucht den Freiraum, sich ausleben zu können. Hier hat die Seele den Freiraum, die Spielfläche, die sie benötigt, um die Dualität erleben zu können. Davor hat das Ego Angst. Und vom Ego kommt der Wunsch nach Kontrolle der Emotionen, auch wenn er als spirituelle Forderung maskiert kommt.

Also sind auch Emotionen wertfrei zu sehen?

Unbedingt!

Was ist mit Wut, Zorn und Hass?

Hier werden die Dinge durcheinander geworfen. Hass ist das Empfinden, dass mir etwas fehlt, das mir eigentlich zusteht. Aber irgend jemand, persönlich oder anonym, gibt es mir nicht. Dem Hass liegt also ein Mangel zugrunde. Richtiger gesagt, das Gefühl eines Mangels, das nach außen projiziert wird. Ein anderer oder ein anderes ist vermeintlich für diesen Mangel verantwortlich.

Hass basiert auf der Täuschung, dass mir irgendetwas überhaupt vorenthalten werden kann. Insofern ist Hass problematisch, weil er letztlich nur durch die Aufhebung der Täuschung aufgelöst werden kann. Aber er ist auch gut, weil er genau auf diese Aufhebung der Täuschung abzielt. Welche Wertung ziehst du vor?

Wenn ich selbst derjenige bin, der gehasst wird, dann empfinde ich das eher als problematisch.

Und das ist auch verständlich – obwohl du dir diese zugegebenermaßen undankbare Rolle im Zweifelsfall selbst geschaffen hast.

Ja, ja! Und ich kann das sogar bei einem gewissen Bewusstseinsstand wieder ändern, ich weiß. Leichter gesagt als getan.

Ja.

Ja? Kein Kommentar?

Es ist wirklich leichter, etwas zu sagen, als es zu tun. Deshalb ist es immer ein guter erster Schritt bei der Erschaffung der eigenen Welt, bei der Gestaltung des eigenen Lebens, zuerst etwas zu sagen. Sag es dir selbst, sag es Gott, sag es den Bäumen und Pflanzen, sag es dem

Himmel und der Erde, sag es Menschen, die dich verstehen. Sag es nicht Menschen, die nicht lieben. Dann beginne zu handeln, und dann sag es allen, die dir zuhören. Denn es ist leichter gesagt als getan. Und es ist leichter getan, wenn es vorher gesagt worden ist. Und manchmal kann man schon, wenn es gesagt wird, spüren, dass es so besser nicht getan werden sollte.

Das Spiel des Lebens

Danke. Du hast, wie immer, Recht. Und du hast auch Recht mit deiner Ansicht, dass man Emotionen nicht bewerten kann.

Jetzt wolltest du schreiben „sollte", „nicht bewerten sollte". Und du hattest Recht, es zu lassen, denn zum Spiel des Lebens gehört nun einmal der Irrtum und seine Überwindung. Irrtum aus der Sicht des Erlösten. Vor diesem Stadium des Erlöstseins gibt es keinen Irrtum.

Also wird ein Erlöster keinen Hass empfinden.

Nein, ebensowenig Wut. Wohl aber Zorn!

Meinst du den „heiligen Zorn"?

Ja. Selbstverständlich gibt es Emotionen, die sinnvoll sind, weil sie euch dazu verhelfen, Änderungen vorzunehmen, Neues zu erschaffen, Überholtes zu zerstören. Es gibt Vorgänge, die hinderlich sind für die Erinnerung an eure wahre Natur. Die meisten Fernsehsendungen gehören dazu. Es ist keineswegs so, dass ihr dem tatenlos zusehen müsst. Einen Menschen, der euch unterdrückt, braucht ihr nicht bei euch zu dulden. Der Zorn über die Unterdrückung, über Versuche, eure Visionen zu beeinflussen oder, noch schlimmer, die Visionen derer zu beeinflussen, die dies nicht durchschauen und die sich deshalb nicht wehren können, dieser Zorn ist notwendig, um die nötige Energie für wirkungsvolle Gegenmaßnahmen aufzubauen.

Natürlich gehören auch solche für eure Ziele negative Vorgänge zum Spiel des Lebens, aber ihr selbst gehört eben auch dazu. Ihr selbst seid Mitspieler, *also spielt mit*! Verwirklicht eure Visionen! Verhindert, dass eure Visionen im Müll landen!

Irgendwo im Hinterkopf wisst ihr, dass dies alles letztlich nicht das Entscheidende im Leben ist. Aber im Hinterkopf soll es auch bleiben! Im Vordergrund kann der Zorn stehen, der in euch Energien freisetzt, die euch weiterbringen: zur Erfüllung eurer Visionen. Oder auch, je nach äußeren Umständen, die Freude, die Neugierde, die Faszination des Lebens.

Wo ist der Mensch geblieben, der still sitzt und die Welt betrachtet, kontemplativ, meditativ, heilbringend?

Er ist da, im „Hinterkopf" eben, gleichbleibend ruhig, frei, erlöst. Sein Geist, sein Körper, sein Empfinden, sie arbeiten und kämpfen, je nach persönlicher Veranlagung. Je nachdem, wie sie ihre Rolle im Lebensspiel definiert haben, oder in welche Richtung sie sie verändert haben.

Die Betrachtung der Welt ist immer notwendig, aber nicht unbedingt 24 Stunden am Tag. Schon jeder Gedanke ist ja, streng genommen, eine Abkehr von der reinen Betrachtung. Es ist aber möglich, einen ruhigen Zustand der Erinnerung an das eigene SELBST, ein Bewusstsein der eigenen göttlichen Natur, dabei aufrechtzuerhalten, selbst inmitten des größten Trubels, der heftigsten Aktivität. Es gab Menschen, die haben dies sogar in Kämpfen auf Leben und Tod vermocht. Nicht viele, natürlich.

Und jeder vermag das. Jeder, der dies liest, auf jeden Fall. Denn der Umstand, dass du das liest, zeigt schon, dass du offen bist für diese Erfahrung, dass etwas in dir aufgebrochen ist, um den Blick auf den Himmel, *deinen* Himmel, freizugeben. Der Vorhang, der die Wirklichkeit des Lebens vor dir verbirgt, hat bereits Risse und Löcher, und es ist nur eine Frage der Zeit, wann du ihn aufziehst. Und eine Frage deiner Entscheidung, ob du ihn *jetzt* aufziehst und sofort die Wirklichkeit in deinem Leben umsetzt, das, was jenseits von Zeit und Raum in Ewigkeit existiert und durch dich hier wirkt.

Irgendwie gerät dieser Text immer mehr zu einem spirituellen Lehrwerk, entschuldige. Ich danke dir für deine Worte. Was aber unterscheidet diesen Text von indischen Weisheitslehren oder von taoistischen, von buddhistischen oder christlichen?

Im Prinzip nichts. Im Detail Einiges. Es geht hier nicht um Religion oder Philosophie. Der Text entsteht durch dich, und du bist, als Individuum, anders als andere Menschen. Jeder Mensch ist einzigartig. Und wir wollen jetzt auch wirklich wieder zurück zu unserem Thema „Gesellschaft“ – das wir allerdings nie verlassen haben. Aber wir wollen wieder konkreter werden. Hüte dich davor, hütet euch davor zu glauben, dass die entscheidenden Dinge auf den konkreten Ebenen geschehen.

Wie ich schon sagte: Wichtig ist, was ihr seid, euer Bewusstsein. Das konkrete Tun ist nicht allein aussagekräftig, es taugt nicht zur Beurteilung eures Tuns. Wichtig ist, was durch euer Tun hindurch atmet, was durch den Vordergrund aufscheint. Und doch: Wenn auf dem Weg zu mehr Bewusstsein keine Verhaltensänderung auftritt, so ist das schon befremdlich. Deshalb gilt trotzdem: An ihren Taten sollt ihr sie erkennen (aber nicht beurteilen!).

Jetzt können wir gern wieder zu euren konkreten Taten zurückkommen. Wie organisiert ihr euer Gemeinschaftsleben? Das ist die Frage.

Sollen wir nicht doch erst noch deine Lehrsätze besprechen?

Erklären die sich nicht selbst?

Ja, schon. Aber manche würden nicht unwidersprochen bleiben, wenn ich sie in Gesprächen äußern würde.

Und jetzt brauchst du unterstützende Argumente? Du weißt doch: Wer das alles nicht annehmen kann und will, der wird auch durch noch so einleuchtende Argumente nicht davon überzeugt.

Aber gut, zu welchem Satz möchtest du noch etwas wissen?

Sag mir noch etwas zu den Sätzen 6 bis 8, bitte!

Aus absoluter Sicht gibt es keine Dualität, keine Polarität, also auch kein Gut und kein Böse. Die Seele beschließt, bestimmte Rollen im Lebensspiel zu durchleben, um die betreffende Erfahrung machen zu können, sei sie nun nach den wie auch immer definierten Maßstäben der jeweiligen menschlichen Gesellschaft gut oder böse. Aus der Sicht der Seele ist sie weder noch, sondern einfach faszinierend.

Soweit ist das klar?

Ja. Und solange ich mich noch als von allem getrenntes Individuum ansehe und mich nicht mit dem wahren Selbst identifiziere, solange übernehme ich notgedrungen die Sichtweise der mich prägenden Umwelt. Dadurch kann ich gut oder böse sein und meine Mitmenschen auch so klassifizieren.

Ganz richtig, du hast es erfasst. Warum wolltest du eine Erklärung von mir? Doch wohl, um die Leser dieser Worte zu überzeugen, oder? Unterschätze sie nicht. Sie verstehen dies so gut wie du. Und manchmal schaden allzu genaue Interpretationen nur dem Verständnis. Weißt du, warum?

Weil sie uns zu stark geistig festlegen? Wie Kochrezepte?

Genau. Eine kleine Erläuterung zu Satz 9 sollte ich vielleicht doch noch einfügen. Dort ist von Strafe die Rede. Also, um das noch einmal klarzustellen: Gott straft nicht! Was ihr unter Umständen als Strafe interpretiert, das ist die natürliche Folge eures Handelns. Wenn ihr gegen Naturgesetze verstoßt, dann hat das selbstverständlich Folgen für euch. Und die sind dann normalerweise unangenehm, manchmal auch schmerzhaft. Ihr könnt solche Folgen individuell, aber auch kollektiv heraufbeschwören. Natürlich kann euer Tun auch positive Ergebnisse zeitigen, wenn ihr keine Naturgesetze verletzt. Ich denke, du verstehst das, und deine Leser ebenfalls. Dies ist nicht der Ort, dies weiter zu vertiefen.

Ich möchte mich bei den Lesern dafür entschuldigen, dass ich ihnen manchmal scheinbar unterstelle, nichts oder wenig zu verstehen. Bist du damit einverstanden?

Ja, nur zu!

Dankbarkeit

Liebe Leser! An dieser Stelle muss ich mich doch einmal bei Ihnen bedanken, dass Sie diese Zeilen hier lesen. Sicher, ES spricht hier durch mich, aber eben doch durch meine Person, und es ist ja nicht selbstverständlich, dass Sie auf diese „meine" Worte hören bzw. sie lesen. Ich bin mir nicht sicher, wer Sie sind, wo Sie sich gerade befinden, warum Sie dieses lesen und wozu Sie dieses lesen. Fallen diese Worte bei Ihnen auf fruchtbaren Boden? Ich glaube schon. Vielleicht hätten Sie gern an manchen Stellen etwas anderes gefragt. Vielleicht hätten Sie gern an manchen Punkten weiter nachgebohrt. Es tut mir Leid, wenn nicht alles so verständlich wird, wie es das könnte.

Du wirst doch jetzt nicht dein Bewusstsein kleinmachen?

Wow, das kam plötzlich! Das hätte ich wirklich fast getan. Tut mir Leid!

Hör auf mit deinen Entschuldigungen! Wenn das, was du hier mit diesem Gespräch tust, jeder könnte und auch vollziehen würde, dann bräuchte dieses Buch nicht geschrieben werden. Und eure Welt würde anders aussehen. Jetzt möchte ich mich bei dir bedanken, dass du so tapfer alles zu Papier bringst, was ich dir eingebe.

Ich bin entsetzt! Du *bedankst dich bei* mir*?*

Es war ein Scherz! Ich bin du. Und es war auch *kein* Scherz!

Das, was ich jetzt sage, gilt für alle: Seid euch dessen bewusst, dass ihr wunderbare Wesen seid, jeder von euch! Und ihr seid mutig und tapfer, dass ihr eure Rolle in diesem Szenario spielt, das wir Leben nennen, jeder von euch! Ich bin stolz auf euch, auf jeden von euch! Aber vergesst auch die Demut nicht. Wenn ich jeden von euch lobe, sagt das auch, dass niemand von euch mehr zu loben ist als ein anderer. Ist das ältere Kind besser als das jüngere, nur weil es schon mehr gelernt hat? Ihr versteht mich schon!

Es ist immer gut, dankbar zu sein, nicht wahr?

Ja! Dankbarkeit ist der Königsweg zur Erfüllung eurer Wünsche. Dankbar sein heißt, sich der Fülle des Lebens nicht nur zu öffnen, sondern die Quelle des Lebens zu respektieren, sie zu achten und zu ehren. Sie zu lieben! Und damit achtet und ehrt ihr immer gleichzeitig die Quelle des Lebens in eurem Inneren, die die Quelle *eures* Lebens darstellt. Und die Quelle eurer Schaffenskraft. Diese Quelle zu ehren heißt, sie zu aktivieren! Und sie will aktiviert werden, sonst kann sie nicht so gut erschaffen. Sonst versanden die Kanäle eurer Schöpferkraft, wie es immer und grundsätzlich in gewissem Maße bei eurer Geburt geschieht. Es muss geschehen, sonst könntet ihr gleich in der geistigen Welt bleiben.

Realität und Spiritualität

Ich habe Schwierigkeiten, zwei Dinge zusammenzubringen. Einerseits ist alles so, wie es ist, gewollt, damit Gott, damit die Urseele sich im Erleben selbst erfahren kann. Andererseits geschehen in diesem Erleben Dinge, die aus meiner Sicht die Kreativität blockieren, das Erkennen der wahren Natur verhindern, die ich also als Hindernisse empfinde. Sie kommen aus meinem Ego, aus der Gesellschaft, und ich habe manchmal den Eindruck, dass ich etwas dagegen unternehmen sollte, und manchmal das Gefühl, es lieber laufen lassen zu sollen. Gibt es da irgendeine Richtschnur, oder muss ich mich ständig neu entscheiden? Selbst das Schreiben dieses Buches: Tue ich damit etwas gegen die Einflüsse, die uns behindern, oder ignoriere ich sie damit?

Beides! Der Gegensatz zwischen dir und der Gesellschaft ist real, aber unwirklich, genau wie der Gegensatz zwischen dem Ego und der Seele. Real heißt, er ist eure Erfahrung, und unwirklich heißt, in Wirklichkeit gibt es ihn nicht, denn alles ist eins.

Und richtet man sich besser nach dem realen Erleben oder nach der wirklichen Einheit?

Die Richtschnur eures Verhaltens kann nur euer reales Erleben sein. Es reicht aus zu wissen, dass dieses wahre und wirkliche Selbst in allen Lebensäußerungen präsent ist. Und dieses Selbst strebt ihr an, *weil ihr es seid*, aber vergessen habt. Erst wenn ihr euch daran erinnert, wird es möglich, euch vollständig an der Wirklichkeit zu orientieren. Allerdings ist es dann nicht sinnvoll, im realen Körper auf der realen Erde zu bleiben. Wozu sollte das dienen?

Um anderen zu helfen?

Ja! Die Möglichkeiten zur Hilfe sind jedoch limitiert, denn jeder Mensch erfährt sich und erinnert sich an seine wahre Natur auf eine ihm und nur ihm gemäße Weise. Also gibt es da nicht so viel zu helfen, zumal immer neue Erleuchtete heranwachsen und weitere Hilfestellungen geben.

Und was ist nun mit meinem Schreiben?

Du hast gelernt, hinderliche Einflüsse auf deine Kreativität auszuschalten und deine Schöpferkraft fließen zu lassen. Dadurch geschieht es automatisch, dass hinderliche Einflüsse auch allgemein beseitigt werden. Es ist wie bei einem Staudamm: *Ein* Loch darin lässt die ganze Staumauer letztlich zusammenbrechen. So wirkt jeder, der für sich selbst seine wahre Natur lebt, automatisch segensreich für alle.

Das Hindernis, die Staumauer ist die Gesellschaft, oder?

Praktisch gesehen ja. Aus spiritueller Sicht nein, denn da gibt es keinen Gegensatz zwischen dir und deiner Umwelt. Aber praktisch bist du und seid ihr alle damit beschäftigt, euch euren Standpunkt im Widerstreit zwischen euren Empfindungen und den Regeln und Erwartungen der Umwelt zu erarbeiten. Eine Einschätzung aus göttlicher Sicht ist für euren Alltag erst dann tauglich, wenn ihr erlöst seid.

Aus dieser Sicht gibt es überhaupt nichts, was uns einschränkt, nicht wahr?

Nichts kann die Seele einschränken, und selbst das ICH als Teilaspekt der Seele schränkt sich nur selbst ein und schiebt dann die Schuld dafür der Umwelt zu. Die Auseinandersetzung mit den Einschränkungen, denen ihr euch ausgeliefert fühlt, ist immer eine Auseinandersetzung mit euch selbst. Ihr seid ja schöpferisch, ob ihr es wollt oder nicht! Also erschafft ihr unter anderem auch eure inneren Probleme in eurer Umwelt. Das ist für euch eigentlich recht praktisch.

Ich dachte, das lenkt mich vom eigentlichen Problem in mir selbst ab!

Ja, wenn es dir nicht bewusst ist. Wenn du aber weißt, dass nichts, was dir begegnet, etwas anderes ist als deine eigene Schöpfung, in der sich dein Innenleben spiegelt, dann kannst du damit spielen! Oder arbeiten! Oder die Umwelt einfach betrachten und reflektieren. Die Umwelt trägt zu deinem Bewusstsein bei, wenn du sie in diesem Licht siehst. Deshalb ist es für euer Bewusstsein nicht günstig, „abgehoben" zu sein. Spiritualität gehört in den „Hinterkopf". Sie taugt nicht als Anhaltspunkt für das praktische Verhalten im täglichen Leben, sondern verdient es, Hintergrundinformation zu sein, die euch die Welt in einem neuen Licht sehen lässt. Aber auch in diesem neuen Licht bleibt es dabei: Euer Betätigungsfeld auf dieser Erde ist das konkrete praktische Leben in der Dualität. Darüber sollten wir auch ruhig sprechen, wenn du es wünschst.

Das ist ja phantastisch! Ich habe schon nicht mehr daran geglaubt, dich „auf den Boden der Tatsachen" herunterholen zu können. Du bist bereit, über alles zu reden, wirklich über alles?

Ja. Ich schlage vor, du machst eine Liste aller Probleme, die aus deiner Sicht mit der Vergemeinschaftung der Menschen zu tun haben.

Das riecht nach Arbeit!

Tu dies in aller Ruhe, und mache es rational; vergiss nicht, dass du alle Zeit der Welt dazu hast. Diese Liste schreibst du auf, und dann sprechen wir darüber. Ich freue mich darauf!

Und ich erst! Danke für dein Angebot!

(...)

Also gut, die Liste ist – vorläufig – fertig, und von mir aus können wir anfangen.

Schieß los!

Jetzt bin ich aber irritiert. Was für ein merkwürdiger Ausdruck!

Manche Ausdrücke bringen Wahrheiten ans Licht, ohne dass derjenige, der sie benutzt, davon weiß. Wer Ohren hat zu hören, der nimmt das wahr.

Warum erklärst du diesen Ausdruck, und auch andere Details, nicht konkreter?

Weil ich kein Erklärer bin. Du bist ein Erklärer! Sage mir: Wie viele deiner Erklärungen und Erklärungsversuche helfen anderen Menschen wirklich? Was glaubst du?

Leider ist es offensichtlich meine Natur, Dinge zu erklären! Ich bin darüber unglaublich frustriert. In vielen Situationen ist es für meine Mitmenschen anscheinend störend, wenn ich sie auf etwas hinweise, das sie selbst nicht wahrnehmen. Und in Vorträgen und Seminaren habe ich häufig den Eindruck, dass das Wesentliche gar nicht verstanden wird. Manches, was ich sage, hat einen gewissen Unterhaltungswert, das kommt immer gut an. Aber ob es jemandem hilft? Ich weiß es nicht.

Nun komm, Kopf hoch! Es liegt tatsächlich in deiner Natur! Du bekommst das schon noch in den Griff. Allgemein gilt jedoch, dass Erklärungen nie direkt eine Hilfe für andere sein können, es sei denn, es handelt sich um funktionale Dinge wie die Bedienung der Waschmaschine. Aber das ist ja auch nicht nötig! Häufig reicht es aus, Dinge ins Bewusstsein zu bringen, ohne nähere Erläuterungen. Bei den Menschen, die dafür offen sind, strukturiert sich die neue Erkenntnis dann auf ganz individuelle Weise in ihrem Bewusstsein. Das ist optimal! Je detaillierter man erklärt, umso mehr legt man seine Zuhörer damit fest. Das ist der Grund, warum ich hier wenig Detailerklärungen abgebe. Es ist in der Tat unbefriedigend für Leser, die Rezepte erwarten. Du aber erwartest keine Anweisungen von mir, und ich richte mich nach dir.

Man wird übrigens vom „Himmel" nie allzu genaue Anweisungen bekommen, weil der „Himmel" eure Freiheit respektiert. Und weil er weiß, dass Umwege notwendig sind. Wer euch detaillierte Vorschriften macht, was ihr tun und denken solltet, hat mit eurem Himmel nichts, aber auch gar nichts zu tun, auch wenn er das für sich proklamiert. So, also schieß los mit euren Problemen!

Eltern und Kinder

Wie wäre es, wenn wir mit etwas sehr Grundsätzlichem beginnen, mit der Erziehung? – Ich halte unser Erziehungssystem aus verschiedenen Gründen für problematisch. Kinder sollen möglichst gut erzogen werden und eine möglichst gute Ausbildung erhalten, wobei „gute" Ausbildung nicht „für die Kinder gut" bedeutet, sondern „den Vorstellungen der Eltern und der Gesellschaft entsprechend".

Dafür werden die Kinder in Schulen gesteckt, in denen sie gezwungen werden, das, was ihnen vorgesetzt wird, zu reproduzieren, und eigene Impulse und die eigene Kreativität zu unterdrücken.

So, das reicht jetzt erst einmal. Ja, so wie du es beschreibst, kann man es sehen. Und du hast ja schon ganz richtig gesagt, dass der Ausgangspunkt der Erziehung bei euch die Eltern sind und nicht die Bedürfnisse der Kinder. Das liegt daran, dass die Eltern unreif sind. Deshalb können sie eine Erziehung nicht leisten, die optimal auf die Bedürfnisse der Seelen der Kinder eingeht. Aber wer kann das schon?

Verstehe ich dich richtig? Du rechtfertigst die schlechte Erziehung der Kinder damit, dass andere es auch nicht besser können?

Ich rechtfertige gar nichts. Das ist, wie du weißt, auch nicht nötig. Ich habe eine Frage gestellt: Wer kann optimal auf die seelischen Bedürfnisse der Kinder eingehen?

Menschen, die selbst dem Ruf ihrer Seele folgen.

Richtig. Und wie viele Menschen gibt es, die so sind?

Nicht so viele, vermute ich.

Eben! Es ist also gar nicht so leicht, ideale Erzieher zu finden. Und ideal müssen sie ja auch gar nicht sein. Nur, so, wie eure Gesellschaft organisiert ist, haben die Kinder einfach zu wenige Bezugspersonen. Die Eltern und Geschwister, das ist es meist schon. Manchmal nur ein Elternteil, manchmal keine Geschwister. Das ist einfach zu wenig. Sie sind den wenigen Bezugspersonen zu stark ausgeliefert. Und die haben dann auch noch nicht einmal Zeit, nicht für die Kinder und nicht für sich selbst.

Wenn die Mutter oder der Vater immer zu Hause ist, müsste es besser gehen.

Vergiss nicht, dass Vater und Mutter, wie alle Menschen, immer ihre unerfüllten Wünsche, ihre Vorstellungen, ihre unerlösten Probleme in ihre Umwelt projizieren. Die eigenen Kinder sind da ganz besonders gefährdet. Ganz unbewusst wünschen sich Eltern, dass ihre Kinder Sehnsüchte der Eltern befriedigen, Kämpfe der Eltern kämpfen und auf jede erdenkliche Weise stellvertretend für Eltern und Familie tätig sind. Möchtest du die Kinder dem ausgesetzt wissen?

Nein, natürlich nicht.

Warum nicht?

Es scheint mir nicht fair, dass Kinder die Sünden ihrer Eltern ausbaden müssen.

Leider hast du dich jetzt verrannt. Denn genau dies ist der Mechanismus! Und er ist gewollt, von euch, von den Seelen und von Gott. Eben so läuft es. Die Kinder können ihre Eltern erlösen, indem sie sich selbst erlösen. Wenn nicht, können sie von ihren Kindern erlöst werden, und so weiter.

Von Anfang an: Eine Seele möchte erleben, wie es ist, Ungeborgenheit ertragen zu müssen. Dies als Beispiel. Sie inkarniert in einer Familie, in der die Mutter, aus welchen Gründen auch immer, dem Neugeborenen kein Geborgenheitsgefühl vermittelt oder vermitteln kann. Das Kind entwickelt nun Strategien, damit umzugehen.

Geborgenheit ist schließlich eine große Hilfe im Leben, aber natürlich ist sie sowieso immer nur eine Illusion. Alle Strategien versagen also, es gibt für dieses Kind, für diesen Menschen nur ein Heil: die eigene Ungeborgenheit anzunehmen. Wenn dieser Mensch so weit ist, dass er so handelt, dann hat die Seele ihr Ziel erreicht. Das „Problem" ist gelöst, die Seele hat interessante Erfahrungen gemacht, und auch die Mutter profitiert davon, wenn sie es erlebt. Und die Kinder dieses Menschen brauchen diese Erfahrung nicht mehr so intensiv zu erleben, wenn überhaupt.

Nun sage mir bitte: Wer ist schuld an der Ungeborgenheit dieses Menschen?

Niemand ist schuld. *Verantwortlich ist die Seele selbst.*

Richtig! Die Seele ist der Auslöser des Ganzen.

Dann lässt man also alles so, wie es ist und immer geplant war?

Nein, denn du bist Seele vom Ursprung her, und du bist Seele als Ziel. Als Mensch bist du *inkarnierte* Seele, du hast dein wahres Selbst vergessen und hast ein Ego aufgebaut. Es geht darum, dass du dich mit der Welt auseinander setzt. Probleme sollen und müssen als Probleme *erlebt* werden, aber danach kann man frei sein. Wenn man, um im Beispiel zu bleiben, seine Ungeborgenheit bewusst durchlebt und damit seinen Frieden schließt, indem man sie annimmt, dann ist das Problem erlöst, und man ist frei davon. Dies geht eigentlich erstaunlich leicht.

Aber niemand tut es.

Wenige, sehr wenige. Stattdessen sucht man nach Schuldigen, nach Verantwortlichen, und siehe da, ein ganzer Berufsstand entsteht, der mit dazu beiträgt, Problematiken zu zementieren – die Psychologie.

Man geht zum Psychologen, um Probleme zu lösen!

Eben, das ist es ja! Aber man geht doch nicht zu einem anderen, um ein eigenes Problem wirklich zu lösen! Man will darüber, mit Verlaub, quatschen, Eigenverantwortung abgeben, sich selbst bemitleiden, sich „in den Hintern treten lassen" oder was auch immer. Für alles das gibt es psychologische Schulen. Und übrigens auch Esoteriker und Astrologen. Solche Verhaltensweisen tragen nicht zur Erlösung bei!

Aber zurück zur Kindererziehung. Eltern sind weder schuld noch überhaupt verantwortlich für die Erfahrungsprogramme, die die Seelen ihrer Kinder sich selbst gestellt haben.

Trotzdem könnte man doch etwas zur Erziehung sagen, bitte.

Die Eltern sind, wenn sie Kinder bekommen, eigentlich noch zu unreif, sie zu erziehen. Die Großeltern oder Urgroßeltern haben da eine größere Chance, einen gewissen Reifegrad erreicht zu haben. Du lachst und hast leider Recht. Ich weiß ja auch, dass ältere Menschen in eurer Gesellschaft nur selten reif sind. Das war übrigens schon immer so. Es sind immer nur wenige, die wirklich abgeklärt sind, den Mitmenschen und dem Leben an sich gegenüber. Trotzdem, größere Kollektive, die ihre Kinder gemeinsam aufziehen, könnten dies besser als die Kleinfamilie. Die Kollektive könnten Großfamilien sein, aber auch lockere Zusammenschlüsse befreundeter Menschen.

Du sprichst von Kommunen?

Wenn du ideologisches Beiwerk weglässt, dann ja. Wie kleine Stämme bei Naturvölkern. Wie Rudel bei manchen Tieren.

Du willst nicht, dass man die Kinder den Eltern wegnimmt, sondern nur, dass man sie gemeinsam erzieht.

Natürlich. In solchen Gruppen könnte dann ein reifer Mensch die Aufsicht darüber haben. Wäre das schwer vorstellbar?

Vorstellbar ja, aber machbar? Nein! Nicht in unserem Wirtschaftssystem. Und nicht bei der Übervölkerung in vielen Ländern.

Erziehungssystem und Wirtschaftssystem

Du hast Recht. Was ist für euch denn wichtiger, eine Erziehung, die optimal auf die Bedürfnisse der Kinder eingeht, oder euer Wirtschaftssystem? Wofür ist denn euer jetziges Erziehungssystem geeignet?

Jetzt wird mir alles klar! Das Erziehungssystem passt zum Wirtschaftssystem!

Genau so ist es! Denn euer Wirtschaftssystem ist Ausfluss einer Weltanschauung, die fest in euren Köpfen verankert ist. Möglichst viel Konsum, immer mehr haben, mehr haben als andere, der oder die Beste sein, das sind Maximen, die euch von Kindheit an eingetrichtert wurden, und die ihr euren Kindern eingetrichtert habt und weiter eintrichtert, und die eure Kinder euren Enkeln eintrichtern werden, wenn, ja wenn – ihr euch nicht anders entscheidet.

Bevor wir auf die andere Entscheidung eingehen: Das bedeutet, dass unser Schulsystem ebenfalls genau in diese Richtung abzielen muss, nicht wahr?

Natürlich ist es, von außerhalb eures Systems betrachtet, Unsinn, Kinder zum Lernen von Fakten zu zwingen, die sie nicht interessieren, und die ihnen auch nichts bringen, gemessen am Ziel der Bewusstseinserweiterung, der Erinnerung an ihr ursprüngliches Selbst. Aber für euer Wirtschaftssystem ist es perfekt, denn die Kinder und Jugendlichen, die euer System „reibungslos" (was gar nicht geht) durchlaufen haben, sind voll integrierbar in euer System. Sie sind intelligent, aber nur im Rahmen des Systems. Sie filtern aus ihrer direkten Erfahrung alles heraus, was nicht ins Bild des Systems passt.

Daher können sie sich optimal anpassen und werden nie etwas infrage stellen außer ihre Konkurrenten, gegen die sie sich, leistungsbezogen wie sie sind, mit großer Energie durchsetzen. Dies tun sie, wie sie selber glauben, zum Besten der Familie, der Firma, des Gemeinwesens. Manchmal glauben sie sogar, Gutes für die Erde zu tun.

Manche Politiker wollen das Erziehungssystem noch verschärfen.

Sie sind unreif und, selbst nach ihren eigenen Maßstäben, dumm. Jemand, der nicht dumm ist, hätte bei euch als Politiker keine Chance. Mit „dumm" bezeichne ich dabei Menschen, die ihre Intelligenz dem System unterworfen haben, wie ich es eben beschrieben habe. Dies hat also nichts mit Intelligenz, absolut gesehen, zu tun. Es ist überhaupt Unsinn, die Intelligenz von Menschen zu bewerten. Auf seine Art und für seine Zwecke ist jeder Mensch intelligent, selbst wenn er euch als geistig behindert erscheint.

Wertung ist des Teufels!

Jawohl! In einem humanen Gesellschaftssystem lernt jeder das, was ihn interessiert, sei es, dass er es zum Leben braucht, sei es, dass er prinzipiell daran interessiert ist, wie das Leben funktioniert. Letztere waren schon immer wenige und werden auch immer nur wenige sein. Sie braucht man nicht besser zu behandeln und mit besonderem sozialen Status zu versehen.

Du meinst, eine Gelehrten- oder Priesterkaste mit Privilegien ist nicht wünschenswert?

Nein. Und der Versuch, allen Menschen eine umfassende Bildung zu vermitteln, war von vornherein zum Scheitern verurteilt und ist ja auch gescheitert. Denn in eurem System lernen immer mehr Schüler immer weniger, und das Gelernte brauchen sie später zum größten Teil gar nicht, weder für das praktische Leben noch für ihr seelisches Wohlergehen.

Diejenigen, die tatsächlich für ein Gelehrtenleben prädestiniert sind, langweilen sich in der Schule und auch später auf der Universität, wenn sie überhaupt dorthin gelangen. Denn dort sind Mitläufer und Reproduzierer gewünscht, keine kreativen Köpfe und Querdenker, die auch einmal die Grundlagen der Wissenschaft in Zweifel ziehen. Eine eigenständige Vision wird von Eltern, Lehrern, Professoren und der ganzen Gesellschaft wenn nicht unterdrückt, so doch nicht gefördert. Schade für euch!

Warum ist das so?

Wie schon erwähnt, ist es gewünscht. Es entspricht nicht dem Herdenmechanismus, wenn eine Kuh die Grundlagen des eigenen Verhaltens in einem neuen Licht sieht. Also wird sie unterdrückt oder ausgestoßen. Denn die Sicherheit hat Vorrang. Übrigens auch der Status derjenigen, die an der Macht sind.

Ein Student arbeitet sich auf Grund von Begabung, Fleiß und Anpassung zum Professor hoch. Ein Lehrer brauchte nie den „heiligen Bezirk" der Lehrinstitutionen zu verlassen und will das im Regelfall auch nicht. Manche werden Lehrer, weil ihnen nichts Besseres einfiel. Solche Menschen sind überfordert, wenn sie mit echter, sich schon in jungen Jahren entfaltender Kreativität konfrontiert werden. Es macht ihnen Angst. Warum? Weil sie diese gleiche, vergleichbare Kreativität bei sich selbst unterdrückt haben. Da tut es gut, diejenigen, die sie ausleben, scheitern zu sehen. Das gibt ihnen rückwirkend die Rechtfertigung für ihre eigene Unterdrückung. Klingt dir das zu hart? So ist es aber! Natürlich laufen diese Mechanismen unterbewusst ab.

Moment mal! Du sagst, dass Menschen, die etwas in sich unterdrücken, dieses auch in anderen Menschen unterdrücken, nicht wahr?

Richtig. Und das bezieht natürlich Lehrer und Professoren und Eltern und Kindergärtner mit ein! Ebenso Meister und Ausbilder in Firmen. Deshalb ist euer sehr durchorganisiertes Schul- und Ausbildungssystem in Wirklichkeit ein System, das verhindert, dass Schüler und Studenten und Auszubildende sich wirklich entfalten können. Euer System unterdrückt systematisch alle Ansätze von Freiheit, Kreativität und Eigenverantwortung, von Selbstverwirklichung und der Erinnerung an das wahre SELBST einmal ganz zu schweigen. Und das ist gewollt!

Und Lehrer, die das nicht wollen, sind trotzdem durch ihre Integration ins System daran beteiligt und betätigen sich auch so! Schließlich sind sie ihrerseits gezwungen, gewisse Lernstoffe in bestimmten Schulstunden zu vermitteln, ob die Schüler das wollen oder nicht.

Und sie müssen die Schüler auch bewerten, ob sie das für gut halten oder nicht!

Erziehung und Bewusstsein

Es liegt am Bewusstsein des Ganzen, im Detail kann man gar nichts machen, stimmt's?

Oh doch, man kann. Man kann dies alles bewusst machen. Man kann im Detail alles machen, nur über die Details ist eine Lösung möglich, und die Details sind – *jeder einzelne Mensch!* Befreit euch aus dem Würgegriff der lebenserstickenden Leitbilder, die euch verführen. Sie sind wie Vampire, die euch das Lebensblut aussaugen. Und auch ihr selbst werdet zu solchen Vampiren.

Doch Heilung ist möglich. Kläre den inneren Vampir darüber auf, was er da tut, wenn er Blut saugt, konfrontiere ihn mit der göttlichen Wirklichkeit (du erinnerst dich an das Kreuz?) und mit dem Licht des Lebens (Sonnenlicht!), und er schreckt zurück und löst sich auf. Ein interessantes Spiel! Ihr habt diese Untoten selbst geschaffen, als Geister, die ihr gerufen habt, aber nicht mehr loswerdet. Und doch: Sie haben keine wirkliche Macht über euch, nur die, die ihr ihnen zubilligt. Jeder kann sie vernichten. Bringt sie ans Licht. Bringt es ans Licht, dass eure Leitbilder lebensfeindlich sind. Tretet ihnen in der Erinnerung an eure wahre göttliche Natur entgegen.

Im Gegensatz zu den Vampiren in den Vampirgeschichten kann man bei inneren Vampiren verhindern, von ihnen vereinnahmt zu werden. Aber dazu müsst ihr bewusst sein. Und das heißt nicht, eine Friede-Freude-Eierkuchen-Esoterik zu pflegen, in der jeder jeden und alles liebt. Denn das ist nur in der Vorstellung möglich und fördert sogar den Leitbild-Vampirismus, dem eure Kinder zum Fraß vorgeworfen werden.

Wieso das?

Liebe kann sich nicht auf das Äußere einer Erscheinung richten, sondern immer nur auf den Kern. Wenn ich glaube, dass ich jede Erscheinung lieben muss, dann fördere ich auch Phänomene, deren Kern so überschattet ist, dass er euch schadet. Es kann euch Menschen nicht erspart bleiben, eurer Umwelt, jeder Erscheinung darin, bis ins Herz zu schauen. Nur darauf kann die individuelle Entscheidung eines jeden einzelnen Menschen sich gründen, womit er sich befassen und was er meiden will, was ihn fördert und was seinen Interessen zuwiderläuft.

Und diese Entscheidung müsst ihr fällen, musst du fällen, jetzt und in Zukunft. Eine laue „Toleranz" ist nicht heilbringend. Hinter der Maske, hinter der Oberfläche finden sich verborgene Werte – oder es handelt sich um die geistige Fassade einer vom Egoismus durchtränkten Person, die diese Fassade nur aufrechterhalten kann, indem sie andere Menschen davon überzeugt, dass diese Fassade die Wirklichkeit des Lebens ist. So funktioniert das.

Vorstellungen davon, wie ich bin und wie Gott und der Mensch oder die Welt sind, können gar nicht stimmen, weil, wie ich schon sagte, euch die geistige Kapazität fehlt, die Wirklichkeit zu erfassen. Sie sind also naturgemäß Täuschungen, die ihr jedoch gern aufrechterhaltet. Um dies aber tun zu können, müsst ihr möglichst viele Menschen dazu bringen, eure Vorstellungen zu bestätigen. Dies meine ich mit Vampirismus.

Wenn alle Menschen derselben oder einer ähnlichen Vorstellung huldigen, dann ist das Leben und damit Gott aus der Gesellschaft verbannt, selbst wenn diese Vorstellungen religiös sein sollten. Aber die Wirklichkeit *ist*, sie ist in und hinter den Fassaden, und wer für sie offen ist, sieht sie überall. Wenn er diese seine Wahrnehmung kundtut, zerstört er automatisch die Fassade, die Vorstellung. Denn sie kann sich nur erhalten, wenn sie als Wirklichkeit angesehen wird. Entlarvt man sie, schmilzt sie dahin, löst sich auf. Die Träger und Protagonisten der Vorstellungen fassen dies als Angriff auf und werden sich wehren. Es braucht also Mut, wahrhaftig zu sein!

Darüber haben wir ja schon einmal gesprochen. Was mich aber beunruhigt, ist Folgendes: Mit unseren Erziehungsmethoden vermitteln wir unseren Kindern doch genau das, worüber du gerade gesprochen hast. Sie sollen sich nicht selbst ein Bild machen, sondern die Vorstellungen der Eltern, der Erzieher, der Lehrer, der Gesellschaft übernehmen. Ich wüsste auch keine Alternative.

Das muss auch nicht sein! Du hast Recht, was eure Erziehung angeht. Aber denke daran, dass es wohl kaum angeht, dass jeder sich über alles ein eigenes Bild macht. Es ist einfach praktisch, eine Tomate als Tomate zu bezeichnen und von der Umwelt zu übernehmen, was man damit macht und nicht macht. Es ist ökonomisch.

Sinnvoll wäre, Nischen auszusparen, also das Vorstellungsbild der Welt nicht lückenlos auszubauen. Es gibt Lebensbereiche, da ist es nicht notwendig, Vorstellungen zu übernehmen. Bei der Beurteilung, ob eine Blume mir gefällt oder nicht, zum Beispiel. Sicher sind Rosen edel! Oder nicht?

Das scheint mir Ansichtssache zu sein.

Genau. Alle Pflanzen haben verborgene Qualitäten, die den einzelnen Menschen ansprechen, in seinem Inneren, weil sie etwas repräsentieren, das ihn aufbaut. Ebenso Tiere, Landschaften, Bilder, Musik und, ja, auch Menschen! Dieses Zusammenspiel ist sehr individuell. Ist Spargel ein besseres Gemüse als Kohl, weil er teurer ist? Das ist eine sehr individuell zu beantwortende Frage, übrigens nicht nur eine Geschmacksfrage. In allen diesen Bereichen sind die allgemeinen Wertkategorien nicht notwendig, ja schädlich!

Im Übrigen ist es grundsätzlich schädlich, Kinder mit einer Bilderflut zu überschütten, wie ihr es tut, nicht nur durch Fernsehen und Video, auch durch Musikkassetten, häufiges Reisen, dauerndes Umherfahren im Umland.

Du bist ganz schön radikal! Sollen die Kinder denn unter einer Käseglocke sitzen?

Du fragst mich, wie Erziehung optimal wäre. Ich sage dir, dass die Kinder eine eigene Weltsicht aufbauen können, und dass dies gut ist, in vielen Bereichen zumindest.

Dazu brauchen sie aber Muße, denn sie wachsen ja auch noch selbst. Sie haben also eine stete innere Veränderung zu bewältigen, körperlich, geistig und seelisch. Wer in dieser Zeit nicht lernt, in sich hineinzuhorchen, hineinzuschauen, zu empfinden, der hat es später schwer, das zu entwickeln.

Darum ist es gut, den Kindern Zeit und Raum zu gewähren, und nicht, sie durch Zeit und Raum zu zerren! Auch ihr Erwachsenen setzt euch zu stark den Bilderfluten aus, nur um euch nicht zu langweilen. Die Weichen dazu sind bereits in eurer Kindheit gestellt worden, und jetzt übertragt ihr das auf eure Kinder.

Muße und Entspannung sind der Nährboden für Kreativität, für die Entwicklung von Sensitivität und Intuition. Das Empfinden, dass etwas langweilig ist, zeigt einen Mangel an Kreativität, Intuition und Sensitivität an. Also setzt euch der Langeweile aus und seht, dass ihr dann eine Chance habt, zu euch selbst zu finden. Gut erzogene Kinder kennen keine Langeweile. Sie haben eine starke Phantasie, und sie nehmen in jeder Situation wahr, was *ist* und was *geschieht*, und welche Möglichkeiten sie bietet. Da wird ihnen nicht langweilig. Aber den Erziehern selbst ist es ja langweilig, einmal eine halbe Stunde ruhig, ohne Beschäftigung, auf der Terrasse zu sitzen. Wie wollen sie da ihre Kinder erziehen?

Man kann die Uhr wohl kaum wieder zurückdrehen.

Ihr werdet das tun! Nicht bewusst, sicher, aber ihr werdet das tun! Wenn ihr wirklich bewussten Einfluss auf diesen Vorgang nehmen wollt, müsst ihr es auch bewusst wollen! Es gibt ja schon Tendenzen in dieser Richtung. Eure Forscher haben herausgefunden, wie wichtig Schlaf für euch ist. Meditation, Yoga, Qi Gong und vergleichbare Entspannungsübungen sind bei euch „in". Ich sage nicht, dass dies alles gut für euch ist. Aber ihr macht tastende Schritte in die richtige Richtung, nicht alle Menschen, nicht einmal viele Menschen, aber es gibt sie.

Natürlich beschreitet ihr auch viele Sackgassen, aber so ist das Leben eingerichtet. Immerhin, immer mehr Menschen begreifen, dass es so nicht weitergeht. Und sie beginnen, ihr Leben zu ändern, weg vom Fortschritt hin zur Entwicklung des Bewusstseins. Fortschritt und Bewusstseinsentwicklung sind Gegensätze, die sich nicht völlig gegenseitig ausschließen, aber doch sehr behindern. Denn ihr habt Fortschritt rein technisch definiert. Alles soll immer besser funktionieren. Das bedeutet, auch wenn die meisten von euch das nicht wahrhaben wollen, die Abkehr vom Weg des Menschen zu seiner Seele. Fortschritt schließt damit Glück aus!

Unglaublich!

Dies gilt für jeden funktionalen technischen Fortschritt, weil er eure Aufmerksamkeit von euch selbst abzieht. Wie ich bereits sagte, gibt es jedoch auch Tendenzen, die Menschen sich selbst näher zu bringen. Das Internet gehört zweifellos nicht dazu, im Gegenteil. Und warum das so ist, das muss ich ja wohl nicht mehr erklären, oder?

Nein, nicht nötig. Können wir jetzt das Thema Erziehung zusammenfassen und beenden?

Du wirst das tun!

Tja, ich bin da etwas ratlos, weil wir so vieles angesprochen haben ... Also, unser Erziehungssystem spiegelt unser geistiges Wertesystem wider.

Jedes Erziehungssystem tut das!

Deshalb nützt es nichts, an Symptomen herumzudoktern. Aber jeder einzelne kann sich selbst näher kommen und damit das Wertesystem infrage stellen und verändern. Zudem kann er in seinem eigenen Wirkungskreis dazu beitragen, dass immer mehr Menschen unser Erziehungssystem klar, und das heißt kritisch, sehen. Schließlich kann jeder die Kinder und Jugendlichen dazu ermutigen, die Welt und sich selbst auf eine ureigene Art zu sehen, nicht gleich alles zu be- oder verurteilen und sich ein eigenes Bild zu machen. Jeder kann die Kreativität, die in den Kindern noch weniger verschüttet ist als bei den Erwachsenen, wieder freilegen und fördern. Am besten durch sein eigenes Vorbild.

Wunderbar! Nächstes Thema!

Wahrheit

Ich hätte noch eine Zwischenfrage, wenn es erlaubt ist!

Bitte!

Danke schön. Ich habe gehört, dass ein Mensch aus mehreren Teilen besteht, und zwar hat er angeblich neun Geistanteile. Stimmt das? Und wenn das stimmt, erklärt das, warum Menschen manchmal innerlich zerrissen sind, nicht wissen, was sie wollen, und ähnliche Phänomene?

Ja, der Mensch ist ein zusammengesetztes Wesen. In jedem von euch fügen sich verschiedene Aspekte zu einem Ganzen zusammen. Wie sich im Körper die Einzelteile zu einem Gesamtkörper zusammenfügen, so tun dies auch verschiedene geistige Aspekte. An dieser Stelle, in diesem Buch möchte ich das Thema aber nicht weiter vertiefen. Und zur zweiten Frage: Ja, das ist die Erklärung, obwohl man da noch tiefer schürfen kann.

Der Mensch ist, so wie er ist, zusammengesetzt, aber trotzdem eine Einheit. Und wir sprechen hier diese Einheit an und erlauben uns nur, zwischen Ego und Empfinden zu unterscheiden, weil ohne diese Unterscheidung vieles nicht zu erklären ist. Ich habe schon öfter gesagt, dass ihr nicht alles verstehen könnt. Alles, was wir bisher erörtert haben, ist stark simplifiziert. Es gibt Sichtweisen, von denen aus ist es verzerrt oder sogar falsch. Aber hier geht es nicht um menschliche Sichtweisen, und sie sollen euch auch nicht verwirren. Ihr seid so schon verwirrt. Teilweise bietet eure Sprache auch gar keine Möglichkeit, etwas so auszudrücken, dass es der Wahrheit entspricht.

Vor der Wahrheit schweigen die Worte, habe ich einmal gelesen.

Es ist wie mit den Bildern. Die Wahrheit liegt *hinter* den Worten, vielleicht *in* den Worten. Aber die Worte selbst sind nicht die Wahrheit.

Im Wein liegt Wahrheit, nicht wahr?

Im Kaktus liegt Wahrheit.

Jetzt ist es aber genug!

Du hast mit dem Unfug angefangen, oder nicht? Jetzt erkläre mir doch bitte einmal, warum im Wein und im Kaktus Wahrheit liegt.

Das ist leicht! Wahrheit liegt in allem und jedem, man muss sie nur wahrnehmen.

Vielleicht sollte ich doch noch einmal erwähnen, dass es sich mit der Wahrheit ähnlich wie mit dem Licht verhält. Genauso wie es helle und dunkle Zeiten gibt, enthalten manche Dinge, Worte oder Bilder einen höheren oder geringeren Anteil an Wahrheit. Aber genauso wie Licht immer Licht ist, in welcher Intensität auch immer, so ist auch Wahrheit immer Wahrheit. Wir sprechen jetzt von der Wahrheit, die die ursprüngliche Wirklichkeit des Lebens ausdrückt. Philosophisch betrachtet enthält alles Wahrheit, aber praktisch ist es sinnvoll, sich dem zuzuwenden, was die Wahrheit qualitativ und quantitativ so darbietet, dass es die eigene Wahrheit fördert.

Konsum

Und dies führt uns zum Thema Konsum. Eine heilige Kuh in unserer Gesellschaft. Beschneide einem Menschen seinen Konsum, und du wirst ihn kennen lernen.

Ich kenne euch. Aber erwarte nicht von mir, dass ich jetzt Askese und Enthaltsamkeit predige!

Nein. Aber was hier geschieht, kann ja wohl nicht ganz richtig sein!

Warum nicht?

Na hör mal, dieser Konsum auf Teufel komm raus – die Menschen sind ja wie von Sinnen!

Das ist euer kollektiver Wunsch! Das Leben strebt nach Erweiterung! Was stört dich daran?

Zunächst einmal stört es mich, dass du offensichtlich alles für richtig hältst.

Das tue ich nicht! Ich werte nicht, Richtig und Falsch sind *eure* Wertekategorien, nicht meine. Aber du meinst vielleicht, dass euer Konsumverhalten nicht zu eurem Ziel führt? Jedenfalls nicht zu Glück, zu dauerhafter Freude, zu erhöhtem Wohlbefinden. Es befriedigt nicht euer Empfinden. Es ist ein Fluchtverhalten, fast schon ein Suchtverhalten. Eine legale Sucht. Eine gewünschte Sucht, gewünscht nicht von der Seele, sondern von außen hervorgerufen, zum höheren Wohle eurer Zivilisation. Es dient dazu, eure Unfreiheit zu verschleiern, und ist selbst Ausdruck eurer Unfreiheit.

Ja.

Du bist wortkarg! Warum?

Ich sehe, dass es wieder auf dieselbe Entscheidung hinausläuft. Wer bin ich, wer will ich sein? Will ich ein außengesteuertes Wesen sein, das alles tut, um in der Gesellschaft anerkannt zu sein, ein Ego? Oder will ich innengesteuert handeln, den Impulsen meiner Seele folgen, das Glück finden, mich an meine Göttlichkeit erinnern? Dann ist für mich Konsum völlig uninteressant. Irgendwie scheint es da nicht eigentlich einen „goldenen Mittelweg" zu geben! Wie siehst du das?

Da musst du dich schon selbst entscheiden. Aber die Entscheidung gegen Konsum ist keine Entscheidung gegen Freude! Auch nicht gegen die so genannten weltlichen Genüsse! Gut und lecker essen und trinken, in der Sonne liegen, eine schöne Wohnungseinrichtung, schöne Kleidung, erotische Beziehungen, dies alles kannst du auch haben, wenn du dich für ein innengesteuertes Leben entscheidest. Denn die Umwelt erschaffst du deinem Inneren gemäß.

Es erscheint ein Glanz in deiner Umwelt, wenn du dich dafür entscheidest, du selbst = Gott zu sein! Dieser Glanz ist zwar unabhängig von äußerem Zierat, kann aber durch schöne Dinge zum Ausdruck kommen. Und wenn es zu dir passt, einen Sonnenuntergang auf Bali zu erleben, dann ist es für dich völlig legitim, das zu organisieren. Wohlstand und Reichtum sind keine Werte an sich, aber sie schließen ein erfülltes Leben nicht aus.

Woran kann ich erkennen, ob ich bloß konsumiere oder ob ich mein Leben mir gemäß gestalte, wenn ich zum Beispiel Dinge für mich kaufe?

Schau, wie es dir nach dem Kauf geht! Das kann man übrigens schon vor dem Kauf tun.

Wie meinst du das?

Nun, versetze dich in einen Ruhezustand und stell dir vor, wie du dich fühlst, nachdem du den Gegenstand gekauft hast. Fühlst du dich ruhig und ausgeglichen oder eher unruhig und getrieben?

Wenn nur das Ego befriedigt ist, dann startet mit der Befriedigung automatisch der Wunsch nach einer neuen Befriedigung. Das ist wie im Märchen vom Fischer und seiner Frau, wo die Erfüllung des einen Wunsches die Frau des Fischers nicht ruhen lässt, bis am Ende nach vielen Wunscherfüllungen alles wieder beim Alten ist. Obwohl du das nicht so interpretierst!

Hey, du warst auf meinem Seminar?

Nein, ich habe mir später die Kassetten davon angehört!

Scherz beiseite, ich sehe, dass alle Wünsche erfüllt werden, auch der letzte, wie Gott zu sein oder sogar selbst Gott zu sein. Nur, dazu bedarf es keines Palastes oder vieler Bediensteter, dafür reicht dann auch die kleine Kate!

Und was lernst du daraus? – Es schadet nicht unbedingt, Wünsche zu haben. Die Seele erfüllt sie, wenn sie dir entsprechen. Auch den letzten und größten Wunsch: den eigenen göttlichen Ursprung zu erleben.

Übrigens bist du dann nicht mehr Gott als jeder andere auch. Dein Bewusstsein nimmt es nur wahr, und siehe, alle Wünsche des Egos verlieren ihre Bedeutung. Du *bist* jetzt, und wenn du am Ziel angekommen bist, *bist* du immer noch, und du bist *hier*, wo du auch gestartet bist. Alles steht dann zu deiner Verfügung, du musst dich nur dafür entscheiden. Dein Ego ist dann ohne Belang, und du magst dich für Reichtum oder Armut entscheiden, das spielt für dich keine Rolle. Dann bist du absolut jenseits von allem Konsum.

Du hast gesagt, dass Konsum uns unfrei macht.

Ja. Übrigens ist Konsum nicht auf das Kaufen von Gegenständen beschränkt. Du kannst auch Menschen konsumieren, Ideen, Bücher, die Umwelt. Alles, was du für dein Ego vereinnahmst, konsumierst du und entweihst es damit, würdigst es herab zu einem Verbrauchsgegenstand. Ich sage das nur, damit deine Leser nicht glauben, dass Konsum eine Frage des Niveaus ist. Ihr könnt dieses Buch konsumieren, indem ihr es lest, es abnickt und euch dem nächsten Buch zuwendet.

Glaubst du, dass jemand dieses Buch nur konsumiert? Das kann ich mir gar nicht vorstellen! Mach meine Leser nicht schlecht!

Hast du noch nie Bücher konsumiert?

Na ja, ich bin mir immer noch nicht wirklich sicher, worin der Unterschied liegt zwischen dem Konsum eines Buches und dem richtigen Gebrauch eines Buches. Vielleicht erklärst du es mir?

Er liegt in dem Vorhandensein oder Nichtvorhandensein von Achtsamkeit und Respekt gegenüber dem Buch und in der inneren Reflexion des Buchinhalts. Krimis oder Groschenromane werden, von wenigen Ausnahmen abgesehen, konsumiert, auch von dir! Meistens werden sie auch genau dafür produziert. Diese Bücher regen nicht zum Nachdenken an, sie sind vom Inhalt her flach, nur zur Ablenkung des Lesers bestimmt. Man liest sie, um keine Langeweile zu haben.

Kreativität

Übrigens, jeder, der konsumiert, beschneidet seine eigene Kreativität ganz erheblich!

Wieso das?

Weil man, während man konsumiert, die Kanäle zum eigenen Unbewussten verstopft. Was man dabei tut, ist einfach: Man übertönt die innere Stimme, die Stimme des Unterbewussten und des Unbewussten. Man schaufelt Müll auf das zarte Pflänzchen der eigenen Kreativität. Dies gilt für jede Art von Konsum. Das ist der Sinn des Konsums! Nämlich alles, was euch aus eurem Trott herausholen will, alle Lockrufe der Seele, alle Beschwerden der Seele zu übertönen. Alles, was euch in eurer Egomanie irritiert und infrage stellt, das wollt ihr nicht hören.

Also übertönt ihr es, versucht, es einzubetonieren. Wie ich schon sagte, manche Bücher eignen sich eher dafür, konsumiert zu werden, als andere. Das liegt am Inhalt und auch an der Art der Präsentation. Vor allem aber am Inhalt. Dennoch: Egal was man erschafft, niemand kann sich dagegen wehren, dass seine Werke konsumiert werden.

Was ist, wenn man etwas Unerwartetes tut, etwas Irritierendes?

Grundsätzlich ist die Gefahr, konsumiert zu werden, größer, je öfter man sich selbst reproduziert. Dies tun zum Beispiel die meisten Künstler. Sie produzieren etwas eigenes, haben damit Erfolg und bleiben dabei. Dann werden sie selbst und ihre Werke konsumiert, und meistens geht es ihnen dabei schlecht, seelisch schlecht. Statt „konsumiert“ können wir auch „vereinnahmt“ sagen. Sie werden zum Zwecke des Verbrauchtwerdens (wie sagt ihr so schön?) *vermarktet*. Wie Tomaten und Zwiebeln! Wenige können sich dem entziehen.

Ist das Vermarktetwerden schlecht für uns, und wenn ja, inwiefern?

Nichts ist letztlich schlecht ...

Ich weiß, ich weiß!

Eben nicht, sonst würdest du so nicht fragen!

Du hast Recht, entschuldige bitte!

Und niemand ist schuldig, auch du nicht. Jedenfalls nicht in meinen Augen. Also brauchst du dich auch nicht bei mir zu entschuldigen.

Okay, okay. Aber du lenkst von meiner Frage ab.

Kreativität ist der Vorgang, aus den Wassern des Unbewussten eine Portion zu schöpfen und diese in der Welt aufscheinen zu lassen. Ihr damit zur Bedeutung zu verhelfen. Zur Bedeutung gehört selbstverständlich eine Öffentlichkeit. Diese Öffentlichkeit muss aber wirklich offen sein für das Produkt der Kreativität eines Menschen. Dies ist häufig ein Problem, und zwar ein doppeltes Problem. Einmal für den Kreativen und einmal für den Inhalt, der bedeutend ist. Wird der Inhalt zwar wahrgenommen, dringt aber nicht ins Bewusstsein der Öffentlichkeit, dann kann es später sehr schwierig sein, ihn ins Bewusstsein zu heben.

Moment mal, was heißt das: Er wird wahrgenommen, dringt aber nicht ins Bewusstsein?

Nun, es kann doch sein, dass du etwas siehst oder hörst, ihm aber keinen Raum in deinem Inneren schaffst, damit es in dir wirken kann. Nehmen wir ein Beispiel: Ihr habt das Ozonloch wahrgenommen. Es hat aber keinen Raum in eurem Bewusstsein. Deshalb setzen die einzelnen Menschen und die Menschheit in ihren Gemeinschaftsformen keine gestalterischen Impulse, die sich damit auseinander setzen.

In dem Augenblick, wo etwas in deinem Bewusstsein ist, wird es zu einem Teil von dir. Du leidest mit ihm und freust dich mit ihm. Bewusstsein verbindet dich mit dem Ozonloch, sodass du nicht nur auf das Problem reagierst, sondern durch deine innere Verbundenheit mit ihm das Problem geistig durchdringst, und das Problem dich durchdringt. Dabei entsteht in dir ein Gestaltungsdrang. Dein Empfinden treibt dich zum Handeln, das spontan richtig ist, ohne dass es offensichtlich etwas mit der Problemlösung zu tun haben muss.

Das ist es auch, was viele Erfinder und Künstler bewegt hat und bewegt: Bewusstsein. Und dieses Bewusstsein macht das Werk erst bedeutend. Wenn das Werk eines Künstlers (oder Philosophen oder eines „einfachen Menschen“) Raum in deinem Bewusstsein gewinnt, dann erweckt es in dir selbst den Trieb, diesen Bewusstseinsinhalt gestalterisch in deinem Leben umzusetzen. Wahrscheinlich bringst du diesen Gestaltungstrieb überhaupt nicht mit dem Kunstwerk in Verbindung.

Nimmst du etwas zwar wahr, lehnst es aber ab, kritisierst es oder konsumierst es nur, dann – wie soll ich es ausdrücken? – dann bleibt der geistige Inhalt im Werk stecken, und es braucht lange, bis es ins allgemeine Bewusstsein dringt. Das ist vielen Kreativen so gegangen. Denk an Jesus Christus, an Johann Sebastian Bach, an Vincent van Gogh.

Du meinst, dass es nicht gut für die eigene Kreativität ist, allzusehr von der breiten Masse vereinnahmt zu werden, nicht wahr?

Das ist gar nicht gut! Die Kreativität tendiert dann zum Versiegen. Es sind ja, von der einen Seite aus betrachtet, viele Einsichten „reif“ dafür, zur Bedeutung zu gelangen. Sie warten sozusagen auf einen Menschen, der ihnen dazu verhilft. Sie müssen jedoch, wenn die Kreativität versiegt ist, lange warten, bis sie „gefunden“ werden. Es ist also schade um die Inhalte, die nicht ins Bewusstsein dringen.

Andererseits ist es auch für den kreativen Menschen schade (jeder Mensch ist kreativ, erinnere dich!), wenn seine Schöpfungen konsumiert werden. Sein Wohlbefinden hängt vom Fluss seiner Kreativität ab. Dem kreativen Menschen geht es bei seinem kreativen Schaffen ja sehr gut! Er fließt im Strom des Lebens, in der Kraft Gottes. Wenn er in der Herde mittreibt, fühlt er sich nicht mehr so gut. Er ist vielleicht reich, aber ihm fehlt die Kraft. Manchmal sogar die Kraft, sich von den Zwängen zu befreien, die die Gesellschaft ihm auferlegt.

Es ist schwierig für Menschen, erfolgreich zu sein und doch weiter im Strom des Lebens zu schwimmen. Dieser Strom schlägt unerwartete Kapriolen, staut sich manchmal, wird reißend, wechselt die Richtung, überschwemmt die Umwelt, verkümmert zu einem Rinnsal und so weiter. Irgendwann mündet er vielleicht noch zu Lebzeiten ins Meer, und der schöpferische Mensch (jeder Mensch ist schöpferisch, das ist sein Geburtsrecht) ist am Ziel angekommen und ruht sich aus, genießt das Leben, das durch ihn und um ihn fließt, ohne dass er noch weiter tätig ist.

Ein solcher Mensch ist nicht zu vermarkten, er ist unbrauchbar im positivsten Sinne des Wortes, nämlich nicht verbrauchbar und daher fruchtbar und lebensspendend. Er ist selig, vielleicht am Ende heilig.

Oder erlöst, oder erleuchtet. Warum „selig“ und „heilig“?

Weil das im Deutschen sehr passende Worte sind. „Selig sein“ heißt, der Mensch folgt seiner Seele. Und „heilig sein“ heißt, er ist heil und bringt Heil. Sehr schöne treffende Bezeichnungen habt ihr in eurer Sprache.

Es ist heilsam, sich nicht konsumieren zu lassen, und selbst nicht zu konsumieren. Konsum hat etwas mit der Haltung zu tun, die sich dahinter verbirgt, nicht wahr?

Konsumieren heißt respektlos sein, es an Achtung fehlen zu lassen gegenüber dem, was man braucht, oder gegenüber demjenigen, den man braucht. Und damit ist natürlich schon klar, dass die eigene Bewusstheit und Achtsamkeit der Schlüssel zur Vermeidung von Konsum ist. So verklärend es sich auch anhört: Wenn Indianer Tiere töteten, baten sie vorher deren Geist um Erlaubnis. Euer Tischgebet ist übrigens eine Reminiszenz an vergleichbare Bräuche in Europa.

Wenn eine solche Haltung nicht nur Fassade, sondern auch inhaltlich gefüllt ist, dann ist Konsum eigentlich gar nicht mehr möglich. Es liegt in der Hand der Menschheit, jedes einzelnen Menschen, Konsum zu unterstützen oder – damit aufzuhören.

Ihr könnt ihn aber nicht vollständig verhindern, nicht einmal jeder bei sich selbst, denn er ist nur ein Symptom, nicht die Ursache.

Ego oder Seele

Also entscheide dich! Wer oder was bist du? Bist du ein Wesen, motiviert aus der Angst des Egos vor der eigenen Begrenztheit und Sterblichkeit? Dann wirst du logischerweise mitnehmen, was du bekommen kannst, bedenkenlos, skrupellos deiner Umwelt und dir selbst gegenüber. Oder bist du motiviert von der Lust nach Leben, von Liebe? Dann nimmst du und gibst du in Einklang mit den Rhythmen der Natur und deinen eigenen inneren Rhythmen, die in dir schwingen.

Niemand, der dies liest, mich eingeschlossen, wird sich wohl für die erste Variante entscheiden. Aber noch einmal: Wer entscheidet eigentlich? Meine unsterbliche Seele entscheidet sich immer für das Leben, das Ego mit eingeschlossen, und alles Leben in Angst ist für sie eine Möglichkeit, sich selbst besser erfahren zu können. Von dieser Warte aus betrachtet ist es eigentlich ganz in Ordnung, ein Leben zu führen, das angstmotiviert ist.

Ja. Allerdings bist du damit auf einer Ebene, die eine Begründung für alles und jedes erlaubt. Aus der Warte der Seele und Gottes ist es absolut gleich, was du tust, denkst und erlebst, weil alles im großen Konzert des Lebens Platz findet.

Aber ich bin nicht die unsterbliche Seele, ich bin ein sterblicher Mensch!

Eben!

Und ich bin, als sterblicher Mensch, ein Teil der Seele, der dies nicht erkennt und sich erst wieder daran erinnern muss, ein Teil der unsterblichen Seele zu sein. Erst dann bin ich vollkommen.

Richtig.

Du lässt mich heute aber auch alles allein formulieren!

Nie bist du allein. Erinnere dich daran, dass dein Abgetrenntsein von Gott, von deiner Umwelt, von deinem Unbewussten, dass dies nur eine Fata Morgana ist! Du hast es ja gerade selbst formuliert!

Ich will mich ja nicht mit dir streiten! Trotzdem: Wer *hat es gerade selbst formuliert?*

Ein jeder Teil eines Ganzen hat sein eigenes (Teil-) Bewusstsein. Kannst du das verstehen? Die Erde hat ein Bewusstsein. Der Wald hat ein Bewusstsein, der ein Teil des Erdbewusstseins ist, aber dennoch auch eigenständig ist. Auch ein Baum hat ein eigenständiges Bewusstsein, ebenso ein Blatt, eine Zelle, ein Molekül, ein Atom. Wir haben es mit einem gewaltigen System zu tun, in dem viele individuelle Wesen ein Gesamtwesen konstituieren.

Diese individuellen Wesen haben allerdings einen unterschiedlichen Grad an Eigenständigkeit. Den höchsten Grad an Eigenständigkeit auf der Erde hat der Mensch: Er ist nach Gottes Ebenbild geschaffen, ist also schöpferisch und erschafft sich und sein Schicksal selbst. Was ihn daran hindert, dies völlig frei zu tun, ist zum einen der Plan, den er von Anfang an in sich trägt – das, was die Seele gern erleben möchte. Und zweitens der Körper, der zwar Erfahrungen ermöglicht, es aber auf Grund seiner Trägheit und Endlichkeit auch erschwert, den Wünschen der Seele so einfach zu folgen.

Und dieses so entstandene Wesen, Teil der Erde und Teil einer Seele (die als solche keine Menschen-Seele ist, sondern einfach Seele), hat ein eigenes Bewusstsein und einen eigenen Willen. Wir nennen es einfach das ICH.

Dieses ICH ist wiederum zusammengesetzt aus einem Körper mit vielen Körperteilen, Funktionen und Wünschen, aus verschiedenen Geistanteilen und aus der individuellen Seele, die die Verbindung zur eigentlichen Seele, zur unsterblichen Seele, darstellt. Das ICH balanciert diese verschiedenen Teile mit ihren Bedürfnissen aus, intern und gegenüber der Umwelt. Dabei spiegelt die Umwelt innere Gegebenheiten, sodass dazwischen eigentlich kein Unterschied besteht. Das ICH ist also eigentlich das Bewusstsein, und die Reife des ICHs besteht in dem Grad, in dem es sich an seinen Ursprung, das unsterbliche Selbst, erinnert.

Und jetzt kommt es: Durch die Erinnerung an unser göttliches Selbst wird es erst möglich, die vollkommene Balance zwischen den Bedürfnissen des Körpers, der Umwelt, des Geistes und des Empfindens herzustellen. Die Erinnerung an und die Zuwendung zum Selbst entfernt uns nicht vom Irdischen, sondern *versöhnt* uns mit ihm!

Und jedes ICH hat die Wahl, die *freie* Wahl: Will ich Erfahrungen machen und *bewusst verarbeiten,* um damit meinem göttlichen Ursprung näherzukommen? Oder will ich Erfahrungen zu vermeiden suchen, sie aber natürlich trotzdem machen, sie aber nicht bewusst verarbeiten, um damit, wenn auch langsamer, trotzdem meinem göttlichen Ursprung näherzukommen?

Das Ziel der Seele ist klar, es hat Priorität, und es wird in jedem Fall erreicht. Zeit spielt dabei keine Rolle – für die Seele. Das ICH ist so, wie es konstruiert ist, sterblich, da spielt die Zeit schon eine Rolle. Mit dem Tod löst sich das ICH natürlich auf, weil ein Teil, der Körper, abgestoßen wird. Der Rest bleibt erhalten.

Darf ich fragen, wie es danach weitergeht?

Nicht jetzt, denn deine wichtigste Frage lautet, gerade jetzt nach dem Tod deiner Frau: Warum konnte sie nicht geheilt werden, warum musste sie sterben? Richtig?

Ja. Ich glaube, sie hatte sich für das Leben entschieden. Wenn sie, wie jeder Mensch, sich selbst erschafft, warum hat sie keine Heilung herbeiführen können?

Mein lieber Freund, sei getröstet! Ich weiß um deinen Schmerz, und dein Schmerz ist heilsam für dich! Die Entscheidungen, die das ICH trifft, sind umso schöpferischer, je mehr sie im Einklang mit den Plänen der unsterblichen Seele sind.

Die Entscheidung für oder gegen das Leben ist eine seelisch motivierte Entscheidung; die Entscheidung für oder gegen das Überleben auch, aber vor allem bei der Entscheidung für das Überleben kann es zu Konflikten zwischen dem Ego und der Seele kommen. Denn selbstverständlich gibt das Ego sich nicht so schnell auf!

Du meinst, es ist eine Situation denkbar, in der die Seele den Körper loslassen, das Ego aber unbedingt weiterleben will?

Das ICH schwankt dann zwischen den beiden Polen, aber mächtiger als die anderen Wünsche ist letztlich der Wunsch der Seele. Für die Seele ist ein bewusst durchlebter langwieriger Todeskampf eine Gelegenheit, sich zu erfahren. Damit ist der Prozess in höchstem eilsam für die Person, die ihn durchläuft, wie auch für die n, die ihn begleiten. Dies war schon bei Jesus Christus so, ist immer so gewesen und wird auch so bleiben!

Es ist sehr wichtig, dass der Körper und der Geist ums Überleben kämpfen. So kann die Seele sich selbst in vielen „neuen“ Facetten erleben. Das Bewusstsein erweitert sich beträchtlich, und das ist schließlich einer der wichtigsten Gründe, warum Menschen überhaupt auf die Welt kommen.

Um also jetzt noch allgemeiner zu sein: Entscheidend dafür, ob du etwas erschaffst oder nicht, ob dein Wunsch in Erfüllung geht oder nicht, ist, was hinter deinem Wunsch steht. Steht hinter deinem Wunsch die Liebe, die Lust am Erleben und Erfahren, wird er in Erfüllung gehen. Steht hinter deinem Wunsch eine Angst, wird sich die Angst erfüllen.

Eigentlich kann ein Mensch, der von Liebe durchtränkt ist, frei von Wünschen sein, denn seine Impulse setzen sich sofort in die Realität um, und weil er das weiß, strebt er nicht nach Sicherheit und hat auch keine Angst. Er konsumiert sowieso nicht, und er ist bedürfnislos, weil er sich selbst genug ist. Ein optimales Mitglied einer Gemeinschaft übrigens, denn er braucht die Gemeinschaft nicht, sondern er liebt sie und damit erschafft er sie! Ja, es ist möglich – eine Gemeinschaft von Heiligen; es gibt sie in anderen Bereichen der Schöpfung, und sie wird auch hier möglich sein.

Wann?

Sobald ihr euch dazu entschließt.

Das kann dauern, realistisch betrachtet. Oder ist etwas dran an den Aussagen über die neuen Möglichkeiten, die das Wassermann-Zeitalter uns bietet?

Ja und nein! Jede positive Vision wirkt positiv, denn sie tendiert dazu, sich zu verwirklichen. Und jeder neue Augenblick bringt neue

Möglichkeiten, weil sich jeder in jedem Augenblick neu für das entscheidet, was er sein will. In der Tat ist ein Fische-Zeitalter genauso geeignet für eine Bewusstseinsentwicklung wie ein Widder-, Krebs- oder Wassermann-Zeitalter. Es hat zu allen Zeiten Erleuchtete gegeben und wird sie immer geben. Was manche Esoteriker für das Wassermann-Zeitalter erhoffen, wäre auch in den letzten Jahrtausenden möglich gewesen.

Allerdings entwickelt sich das Bewusstsein der Menschheit insgesamt im Augenblick sehr schnell, weil es für die Menschheit fünf vor zwölf ist. Und du weißt, dass in Momenten höchster Not die Intuition sehr stark wird. Menschen machen in Katastrophensituationen spontan das Richtige. Das Richtige kann dann übrigens auch die Selbstaufopferung sein.

Sehr tröstlich, wirklich!

Du verstehst mich falsch. Ich meine nicht die Selbstaufopferung der Menschheit, also ihre Auslöschung. Aber in Katastrophenfällen, im Krieg zum Beispiel, gibt es immer wieder Menschen, die bereit sind, sich selbst zu opfern, um andere zu retten. Das ist kein Denkspiel, keine Taktik, sondern das geschieht, ohne groß darüber nachzudenken, meistens ohne überhaupt zu denken, ganz spontan. Das Ego ist dann weitgehend ausgeschaltet, und Impulse aus der Tiefe des Unbewussten leiten den Menschen.

Wenn es gelingt und der Mensch selbst überlebt, gilt er als Held. Ist er das? Ja! In diesem Augenblick, wo er dem Fluss des Unbewussten vertraut. Ist er das immer? Nein, denn ein großer Teil des Lebens dient der Selbsterhaltung, also dem Ego: Essen, Ausruhen, Geld verdienen usw. Und doch kann auch jede dieser Handlungen vom Hauch der Göttlichkeit durchweht sein. Jedes Tun kann sich aus der Quelle des unsterblichen Selbst speisen. Das ist eine Frage des Bewusstseins desjenigen, der etwas tut.

Der Heilige, der Erleuchtete, handelt im Licht des eigenen Selbst, auch wenn er Routinearbeiten durchführt. Er entscheidet sich frei für die Aufgabe, die er wahrnimmt; das ist der Unterschied zum nicht bewussten, ego-gesteuerten Menschen.

Der Heilige entscheidet sich für Gott, für den Himmel und für die Erde. Denn hier auf der Erde ist der Ort, an dem die Chance besteht, sich selbst zu erleben und zu erfahren. Und dies ist sein Ziel, unser aller Ziel. Ob wir dabei Leistungen vollbringen, ist durchaus ohne Belang.

Leistung und andere Werte

Nun ja, es ist doch schön, wenn man am Ende seines Lebens sagen kann, dass man etwas erreicht, etwas geschafft hat.

Das ist im Angesicht des Todes, im Angesicht Gottes völlig belanglos!

Mein Gott, was bist du radikal! Nun hab doch einmal ein wenig Respekt vor dem, was wir Menschen für großartig halten. Dazu gehört eben, etwas zu leisten. Als Baumeister, als Schriftsteller, als Industrieller, als Arzt! Sodass die Mitmenschen am Ende sagen: Der oder die hat viel geleistet! Respekt!

Ja, das ist eure Entscheidung!

Nun sag schon etwas zur Leistung!

Es gibt bei euch das Wort Leistungsdruck. Druck! Nun, darüber haben wir doch schon gesprochen. Klingt das gut in deinen Ohren?

Natürlich nicht. Aber es gibt doch auch Leistungen, die Freude machen!

Hier ist *Freude* das Zauberwort! Nicht Leistung. Natürlich kann man etwas mit Freude und Hingabe tun und dabei Leistungen vollbringen. Die Leistung ist dann das Ergebnis des Handelns. Aber der Leistungsdruck in eurem Geschäftsleben ist menschenverachtend.

Er ist die Basis unseres Wohlstandes!

Schämt euch!

Jetzt wertest du!

Ich nehme eure eigenen Wertmaßstäbe! Eure Ziele für eure Gesellschaft lauten Frieden, Freiheit, Gerechtigkeit, ja, und auch Wohlstand, aber eigentlich Wohlstand für alle! Richtig?

Genau!

Und was hat Leistungsdruck mit Frieden zu tun? Was mit Freiheit? Was mit Respekt vor den Mitmenschen? Wie könnt ihr euch selbst und andere unter Druck setzen, um Leistungen zu erzwingen? Seht ihr nicht, wie es denjenigen geht, die den Druck nicht aushalten? Sie werden abgedrängt, sie weichen dem Druck aus, und sie wissen, dass sie von den Leistungsfähigen nicht respektiert werden. Die Solidarität in der Gesellschaft, die gegenseitige Achtung, der Frieden bröckeln. Von Glück ist sowieso keine Rede! Ist es so? Wollt ihr eine solche Gesellschaft? Dann ist Leistungsdruck ein probates Mittel, sie zu erschaffen. Wenn euer Gerede von euren Wertmaßstäben ernst gemeint ist, dann lasst euch lieber etwas Neues einfallen.

Es ist nicht ernst gemeint. Die meisten Menschen haben damit nichts im Sinn, es sind bloße Lippenbekenntnisse.

Das siehst du wohl zu schwarz. Diese Werte werden nur vom Streben nach persönlicher und nationaler Sicherheit überlagert.

Das läuft auf dasselbe hinaus, oder?

Du irrst! Wenn im Hintergrund diese Werte noch existieren, dann kann man sie wieder zum Leben erwecken! Wo die Erinnerung an Liebe noch vorhanden ist, kann sie wieder entstehen. Ein Keim reicht aus, um eine Pflanze, einen Baum und, indem der sich vermehrt, einen Wald wachsen zu lassen.

Es ist also ein Unterschied, ob diese Werte nicht vorhanden oder überlagert sind. Die meisten Menschen und alle Entscheidungsträger in der Gesellschaft würden diese Werte für wichtig halten. Wieweit sie sie im Tagesgeschäft berücksichtigen, ist eine andere Frage.

Was soll, was kann man tun, um Frieden, Freiheit, Gerechtigkeit, Liebe und auch Wohlstand in dieser Gesellschaft zu erreichen?

Ihr müsst euch dafür entscheiden, jeder Einzelne, und zwar ohne Wenn und Aber. Das ist doch eigentlich gar nicht so schwer, oder?

Versuch du einmal, Frieden im Nahen Osten zu schaffen! Oder schaffe doch bitte Gerechtigkeit in den Militärdiktaturen. Oder Freiheit!

Okay, ich kann das nicht!

Du kannst das nicht? Gott kann das nicht? Was kannst du dann? Du willst es nur nicht!

Ja. Und weißt du, warum? Weil ich euren Frieden und eure Freiheit respektiere. Ich habe euch erschaffen, frei, nach meinem Ebenbild. Ihr seid meine Stellvertreter auf Erden. Nun macht etwas daraus!

Du bist aber wirklich naiv! Ich hätte meine Kinder auch nicht die Geschicke der Familie leiten lassen, als sie noch klein waren. Und wir Menschen sind ja wohl noch Säuglinge oder Kleinkinder, wenn man unser Bewusstsein betrachtet. Das musste doch in die Hose gehen!

Noch lebst du! Und übrigens, so dumm sind Kinder auch wieder nicht. Nicht so dumm wie ihr Erwachsenen! Wenn sie nicht weiter wissen, fragen sie oder bitten um Hilfe. Das könntet ihr Menschen schließlich auch. Du tust es doch gerade! Was hält die anderen Milliarden davon ab, es auch zu tun? Ich bin da!

Danke! Ich weiß das zu schätzen. Aber viele glauben nicht an dich und halten das, was wir hier machen, für Unfug!

Euer Problem ist, dass ihr Kinder seid (nicht Säuglinge!), die sich für erwachsen halten! Dies tut ihr übrigens noch gar nicht so lange. Erst seit einigen Jahrhunderten glaubt ihr, euer Schicksal in die eigenen Hände nehmen zu können. Das ist in der Tat gefährlich für euch, aber da müsst ihr jetzt durch. Doch zurück zu euren Wertmaßstäben: Du musst zugeben, dass ihr euren Idealen etwas näher gekommen seid. In vielen Ländern gibt es mehr Wohlstand und Gerechtigkeit. Wie beurteilst du die Entwicklung bezüglich Frieden und Freiheit?

Ich sehe das eher zurückhaltend, nicht so positiv wie viele andere. Die Welt ist nach wie vor gewalttätig, im Denken wie auch im Handeln. Nur mit großen Kriegen hält man sich zurück, um keine globale nukleare Katastrophe zu riskieren. Und was die Freiheit betrifft: Augenscheinlich haben wir mehr denn je davon, aber ich habe das Gefühl, dass das nur Schein ist. Die meisten Menschen werden subtil beeinflusst, ohne es überhaupt zu merken. Oder sie wehren sich nicht dagegen, weil es ihnen ja insgesamt gut geht.

Ja, solange es euch Menschen gut geht, materiell gut, seid ihr bereit, vieles zu ertragen. Aber selbst in der westlichen Welt geht es nicht allen Menschen gut, nicht wahr?

Heutzutage sind in allen unseren Gesellschaften viele Menschen arbeitslos. Und alle sehen das als Problem! Wie siehst du das?

Das ist es!

Alle Welt legt Programme auf, um die Arbeitslosenzahlen zu senken.

Ausbeutung

Siehe oben, Rubrik „Reparatur oder Erneuerung“! Es widerspricht jeder Logik, dass die Wirtschaft unentwegt wachsen soll. Dies kann nur durch Ausbeutung aller Ressourcen geschehen. Nicht durch Nutzung, sondern durch Ausbeutung! Und zu diesen Ressourcen zählt auch die menschliche Arbeitskraft – aber natürlich auch die Pflanzen- und Tierwelt. Und die Erde als Ganzes. Es ist überraschend, dass eure Religionen dagegen keinen Einspruch erheben, findest du nicht?

Mich überrascht das nicht! Das Christentum hat sich ja immer mit den Mächtigen arrangiert!

Jesus Christus hat das nicht getan und würde das auch heute nicht tun. Aber du hast natürlich Recht. Die Kirchen haben sich ja auch mit Hitler arrangiert. Warum sollen sie sich nicht mit einer Gesellschaft wie der euren arrangieren, die sogar vorgibt, christlich zu sein?

Ja, eben!

Dabei seid ihr ebenso skrupellos in eurer Ausbeutung aller Ressourcen auf dieser Erde, ebenso bedenkenlos und kriminell – nach eurem eigenen Verständnis – wie die Nationalsozialisten es in anderen Bereichen waren! Speziell viele eurer „Führer“ haben vergleichbare Qualitäten, die jedoch als normal und sogar gewünscht angesehen werden. Und wenn ihr das Ausmaß der Zerstörung der Erde endlich erkannt habt, werden auch wieder alle nichts davon gewusst haben.

Weißt du, was du da sagst? Du wirst doch wohl unser Wirtschaftssystem nicht mit dem Nazisystem vergleichen! Arbeiter und Angestellte mit Nazis und ihre Chefs mit Nazibossen! Oder meinst du das wirklich?

Zunächst einmal prinzipiell: Ja! *Ein Mensch ist ein Mensch ist ein Mensch!* Gott unterscheidet nicht zwischen Mensch und Unmensch. Kein Mensch ist für Gott wertlos, weil er ja niemanden bewertet! Das Menschsein an sich ist ein Wert, den man nicht einbüßen kann. Aus menschlicher Sicht ist es verständlich, dass man darüber hinaus Bewertungen vornimmt (darüber haben wir schon gesprochen). Es ist verständlich, aber nicht zwingend! Es ist eure freie Entscheidung, zu urteilen und zu strafen oder zu belohnen.

Gut, gut, das kannst Du auf der göttlichen Ebene so sehen. Aber wenn du Wirtschaftsführer mit Nazibossen vergleichst, ist das ja kein zufälliger Vergleich!

Dieser Vergleich sollte dich provozieren! Und das hat er getan, und er wird auch andere Leser provozieren! Aber nehmen wir einmal ein Beispiel: Ein Mann hat nur das eine im Sinn, nämlich das von ihm selbst und vom System, in dem er arbeitet, angestrebte Ziel zu erreichen. Wie es seinen Untergebenen und Mitarbeitern dabei ergeht, ist ihm gleich, solange sie nur die geforderte Leistung erbringen. Opfer außerhalb des eigenen Systems sind in Ordnung, bestenfalls zu bedauern. Opfer in konkurrierenden Systemen oder der Kollaps konkurrierender Systeme sind zu begrüßen, sind erwünscht, werden als persönlicher Erfolg gewertet. Nun, von wem rede ich, von einem NS-Bonzen, einem Wirtschaftskapitän, einem Politiker, einem Mafiaboss? Von dir?

Sag's mir!

Von allen! Auch von dir in der Zeit, als du noch als Angestellter tätig warst! Und ich übertreibe, wie bei dir, so auch bei den anderen Typen!

Na, Gott sei Dank! So übel hätte ich mich nicht eingeschätzt!

Nein, du schätzt dich richtig ein. Auch hier gibt es eine Skala, von 0 bis 100. 0 heißt: Meine Selbstdurchsetzung, mein Status, mein Ego tritt völlig hinter mein göttliches Selbst zurück. Und 100 heißt das absolute Gegenteil. Man geht über Leichen, um sein Ego zu erhöhen. Dabei kann es, wie oben erwähnt, um mich als Person gehen oder um eine Firma, einen Staat, eine Religionsgemeinschaft usw.

Jeder Mensch ließe sich dort einordnen, wenn man es denn tun wollte. Und du wirst in allen Tätigkeitsbereichen Menschen auf den unterschiedlichsten Positionen der Skala finden. Auch unter Wissenschaftlern, Bischöfen und Päpsten, Künstlern und Esoterikern gibt und gab es Menschen mit hohen Ego-Werten! Und nach diesen Maßstäben kann ich Politiker mit Mafiabossen oder Wirtschaftsführer mit Kriegsverbrechern vergleichen!

Doch zugegeben, diese Vergleiche treffen den Kern der Sache nicht, nicht nur, weil Vergleiche eben nur Vergleiche sind und immer hinken! Sondern auch, weil ihr Menschen euer Wertesystem so aufgebaut habt, dass gewisse Dinge unterschiedlich bewertet werden. Das materiell Sichtbare wird immer höher eingeschätzt als das Geistige.

Töte, foltere, verstümmele einen Menschen, und du bist ein Unmensch. Das ist nach euren Maßstäben eine richtige Bewertung. Erniedrige einen Menschen, mache ihn lächerlich, diffamiere ihn, sodass er vielleicht irreparable seelische Schäden davonträgt, dann ist das halb so schlimm. Dies geschieht in Teilen eurer Medien und im täglichen Tratsch und Klatsch ständig! Menschen verlieren die Achtung ihrer Mitmenschen, weil sie verleumdet werden. Auch das ist nach euren

Maßstäben nicht richtig, aber die Bestrafung hält sich in Grenzen, wenn es überhaupt dazu kommt!

Du meinst, dass jemand, der einen Mitmenschen seelisch verletzt, genauso einzuschätzen ist wie jemand, der einen Mitmenschen körperlich verletzt?

Ja, natürlich! Aber, wie du ja weißt, schätze niemanden ein, außer danach, ob du mit ihm leben oder arbeiten willst oder lieber nicht!

In eurem Wertesystem habt ihr natürlich ein Problem, seelische Verletzungen zu ahnden, weil man sie nicht objektivieren kann. Man kann sie nicht quantifizieren. Was noch wesentlicher ist: Seelische Verletzungen sind bei euch an der Tagesordnung. Ehegatten verletzen einander, Eltern ihre Kinder und umgekehrt, Lehrer die Schüler und umgekehrt, Vorgesetzte ihre Mitarbeiter und umgekehrt, und so weiter! Welche Verletzungen geschehen absichtlich, welche unabsichtlich?

Täter und Opfer

Kann ich überhaupt seelisch verletzt werden, wenn ich erlöst bin?

Ja, aber nicht nachhaltig. Es ist, als ob man mit einem Messer eine Furche durch eine Flüssigkeit ziehen will. Sie schließt sich wieder, bei Wasser sofort (ein paar Wellen entstehen wahrscheinlich), bei Pudding in kürzester Zeit.

Ein Heiliger erlöst sich selbst in jedem Augenblick – erinnere dich, er erlöst sich *nicht ein für allemal,* er tut dies *ständig*. Also erlöst er sich auch von Verletzungen, die man ihm zufügt, allerdings erlebt – und erleidet – er sie auch. Und weil zu jeder Verletzung ein Täter und ein Opfer gehören, erlöst er nicht nur sich als Opfer, sondern auch den Täter. „Herr, vergib ihnen, denn sie wissen nicht, was sie tun!“, erinnerst du dich? Der Täter gewinnt ein höheres Bewusstsein durch diesen Vorgang.

Ich hatte immer geglaubt, ich könnte nur Opfer werden, wenn ich für die Tat offen bin! Als Heiliger habe ich wohl die Wahl, offen zu sein oder nicht?

Ja.

Da gibt es doch bestimmt mehr dazu zu sagen!

Erfahre dich selbst als Heiliger! Entscheide dich einfach dafür und sieh, wie es sich anfühlt. Das ist besser als sich geistig damit auseinander zu setzen. Worte sind lausige Erkenntnisträger. Erleben ist viel klarer und intensiver.

Na ja, Erlebnisse kann man immer so oder so interpretieren.

Worte auch! Sogar noch mehr. Zudem geht es eben nicht um die Interpretation. Was du erlebst, das erlebst du, unabhängig davon, ob und wie du es interpretierst. Es ist dann deine Erfahrung, und wenn es noch nicht reicht, dann erlebst du eben noch einmal etwas Vergleichbares, und noch einmal und noch einmal, bis diese Erfahrung in dir verankert ist.

Hast du nicht gemerkt, dass du selbst kein Interesse an manchen Erlebnissen hast? Als hättest du sie schon hinter dir? Das ist auch so, du bist schon mit dieser Erfahrung geboren und benötigst sie jetzt nicht mehr. Allen anderen Menschen geht es ähnlich. Manche Erlebnisse sind dagegen jetzt besonders gewünscht.

Übrigens bilden diejenigen, die auf der Erde sind, um gleichartige Erlebnisse zu haben, hier Schicksalsgemeinschaften – Paare, Familien, Firmen, Staaten usw. Auch hier gilt, dass man gleichartige Erlebnisse als Täter, Opfer, Mitläufer, Beobachter und Erlöser haben kann. Wenn wir also diagnostizieren, dass wir in einer Gemeinschaft mit „unmenschlichem", besser „unheiligem", Leistungsdruck leben, dann heißt das, dass jeder in dieser Gesellschaft diesen Leistungsdruck erleben will. Die Seelen haben sich darauf geeinigt, dies zu erleben, als Täter und Opfer (jeder ist immer beides in unterschiedlichem Grade) oder als Beobachter und Heiler.

Wenn wir die Gesellschaft verdammen, verdammen wir die Seelen und letztlich Gott. Vor allem vergiften wir uns selbst.

Kritik ist schädlich?

Klare, scharfe Beobachtung ist nützlich. Den Finger in die Wunden legen ist nützlich. Dennoch muss ich dazu sagen, dass zur Beobachtung immer gehört, dass man *alles* wahrnimmt, nicht nur das Negative, wenn es zu etwas führen soll. Im Zweifel finden wir das Positive hinter der problematischen Fassade, als Potenzial, das zu seiner Entwicklung der negativen Fassade bedarf, die es dabei durchbricht. Und den Finger in die Wunden legen heißt nicht, darin herumzurühren.

Aufmerksamkeit und Wachheit, verbunden mit dem Vertrauen in die Sinnhaftigkeit des gesamten Prozesses, das reicht aus, um weiterzukommen. Eine rein positive Haltung, die Negativität ausblendet, ist also nicht hilfreich. Hilfreich ist nur die grundsätzlich positive innere Haltung, die alles wahrnimmt, was uns begegnet.

Ich verstehe.

Dies führt euch zur Erfahrung, dass ihr selbst von allem, was euch begegnet, nicht getrennt seid; vom Ursprung her seid ihr eins. Dieses Einheitsbewusstsein ist hilfreich. Wofür?

Für die Erlösung.

Unter welcher Bedingung?

Dass ich nicht vor Schmerz und Ärger meinen göttlichen Ursprung aus den Augen verliere.

Ja. Wenn alle Leser diese Antwort auch so geben würden, könnten wir das Buch hier abbrechen. Der Rest kommt von selbst.

Hey, tu mir das nicht an! Es gibt noch so viele Fragen. Sicher, letztlich ist die Antwort immer dieselbe; aber wir sind ja noch nicht am Ende, wir stecken ja mitten im Prozess!

Und ich hoffe, ihr genießt ihn!

Mich hast du auf jeden Fall davon überzeugt, dass ich ihn genießen kann. Und ich fange auch schon an, ihn tatsächlich zu genießen.

Gut! Weiter so! Ich bin der Meinung, dass wir das Thema „Gemeinschaft, Gesellschaft, Partnerschaft" abschließen können.

Was ist nun mit unseren anderen Themen? Was ist mit der Ausbeutung der „Dritten Welt"? – Es geht uns doch unter anderem deshalb so gut, weil die Menschen in der Dritten Welt sich für einen Hungerlohn kaputtarbeiten, damit wir billig an Konsumgüter wie Kaffee, Tabak, Bananen usw., kommen!

IV.

ERLÖSUNG

Die Lebensvision

Im Prinzip reicht es aus zu wissen, dass sich alle Probleme lösen, wenn wir uns unserer Quelle zuwenden und der Anziehungskraft folgen, die uns dorthin zieht, wo wir das erleben, was unsere Seele von Anbeginn erleben wollte, nicht wahr?

So ist es! Um zu verstehen, wie sich alles erlöst, sollten wir noch einmal auf die Seele zu sprechen kommen. Die Seele entschließt sich, zu inkarnieren, um bestimmte Dinge zu erleben. Wenn sie diese Erlebnisse hat, dann macht sie Erfahrungen. Das, was sie erfahren hat, ist als Folge der Erfahrung erlöst, und zwar im Individuum wie auch insgesamt.

Hast du dich schon einmal gefragt, wieso es auch grundsätzlich erlöst ist?

Ich habe mir das so erklärt, dass etwas, das im Fluss schwimmt, aus dem Fluss verschwunden ist, wenn ich es herausfische oder wenn irgendjemand es herausfischt.

Das stimmt, weil das Ergebnis stimmt, es ist aber doch eine Simplifizierung. Wir reden nämlich bisher nur über Inhalte, die ins Unbewusste verdrängt worden sind.

Ja. Ah, ich glaube, ich weiß, worauf du hinauswillst! Gibt es da auch einen Energieaspekt?

Erinnere dich, dass wir zu Beginn unseres Gesprächs den Menschen als schöpferisch charakterisiert haben. Nun, deine Vermutung ist richtig! Es erfordert auch Energie, etwas zu schaffen, nicht nur einen Inhalt, eine Vision, eine geistige Form.

Merkwürdig, dass ich nicht von selbst darauf gekommen bin!

Du bist von selbst darauf gekommen! Ich bin nicht von dir getrennt. Außerdem hattest du in den letzten Wochen genug damit zu tun, den Tod deiner Frau zu verarbeiten. Meinst du nicht auch, dass dies eine „lohnende" Betätigung war?

Ja.

Marianne sah keinen weiterführenden Weg mehr, ihre vorgeburtliche Vision, ihre Lebensvision, zu erleben. Anders ausgedrückt, sie hat mit dem, was sie getan hat, mit ihrer Unterstützung und Anregung für dich, mit der Geburt und Erziehung eurer Kinder, mit der Bewältigung ihrer Probleme, mit all ihren Impulsen bereits sehr viel in eurem Umfeld von ihrer Lebensvision ins Leben gebracht und ist damit ihrer Bedeutung gerecht geworden.

Sie sah nicht, wie sie mehr hätte erreichen können. So hat sie sich folgerichtig wieder vollständig mit ihrer Seele verbunden, hat ihren Körper hier zurückgelassen und hat ihre Erfahrungen in die Ganzheit eingebracht. Und selbst durch die Art ihres Fortgehens hat sie ihr Umfeld, vornehmlich dich, unglaublich stark darin gefördert, deine Lebensvision zu erleben. (...)

Ja, weine nur, dies ist ein wichtiger, von dir und eurer Gesellschaft vernachlässigter Weg, ins Fließen zu kommen, in Berührung mit den Tiefen eures Unbewussten. Jetzt, wo du dies aufschreiben kannst, weißt du dies alles. Tröste dich. Du wirst daraus Kraft schöpfen. Das Fließen aus der Tiefe des Unbewussten eröffnet dir ein gigantisches Energiepotenzial.

Wir wollen, bevor wir dieses Buch abschließen, noch über zwei Themen reden: über die schöpferische Energie und über die Lebensvisionen eines jeden Menschen.

Du hast gerade von einer vorgeburtlichen Vision gesprochen. Ist es das, was ich bisher als Lebensplan bezeichnet habe und im Geburtshoroskop erkannt habe?

Genau das! Der Begriff „Vision" ist glücklicher als der Begriff „Plan", weil man leicht den Eindruck haben kann, einen Plan müßte man erfüllen, sonst wäre man ein Versager.

Die Vision ist das Höchstmögliche, das der Mensch in diesem Leben schaffen „will". Wir wissen inzwischen, dass es im Leben auf der Erde darum geht, die vielfältigen Aspekte des Lebens zu erfahren. Der Weg zur Erfahrung führt über das Erleben, und *nur* über das Erleben. Darüber nachzudenken, sich geistig damit auseinander zu setzen, das ist in Ordnung, ersetzt aber nicht das Erleben, weil sonst das Empfinden fehlt, der Schlüssel zur Wirklichkeit.

Die Seele sucht sich auf der Erde ein Umfeld, in dem das rechte Maß an Herausforderung, Hindernissen, Hilfen usw. vorhanden ist, um optimal zu leben und zu erleben. Was optimal ist, bestimmt jede Seele für sich selbst.

Es kann ihr zum Beispiel darum gehen, etwas Besonderes zu leisten, etwas zu erschaffen, etwas zu erleiden, anderen zu helfen oder selbst zu wachsen. Es ist aber durchaus möglich, dass es ausreicht, geboren zu werden und sofort zu sterben, weil die Lebensvision vorsieht, den Eltern und deren Umfeld Bewusstseinsimpulse zu geben und sich selbst auf eine spezielle Art sterbend zu erleben.

Das ist für euch schwer zu fassen, aber gerade diese Erfahrung von unabwendbarem Schicksal kann euer Bewusstsein unglaublich erweitern. Das kommt dir bekannt vor, nicht wahr?

Ja, ich kann bestätigen, dass die Konfrontation mit unabänderlichem Schicksal starke Impulse vermittelt. Das habe ich gerade bei der Krankheit und beim Tod meiner Frau schmerzhaft erlebt. Wünschen würde ich das aber niemandem!

Das ist auch nicht deine Aufgabe! Und doch ist deine Seele auf diese Art von Erfahrung vorbereitet, sie gehört zu deiner Lebensvision, sie ist zwischen euren Seelen „abgesprochen". Seelen tun sich zusammen, um gewisse Erfahrungen hervorzurufen. Verstehst du, was das bedeutet? Es bedeutet, dass ihr nichts erlebt, was ihr euch nicht wünscht! Alles, was mit euch und durch euch geschieht, ist absolut in Ordnung für euch. Siehst du, wie platt und unspirituell die Versuche sind, das Schicksal zu beherrschen? Sich mit Hilfe von Affirmationen davor zu bewahren, negative Erfahrungen zu machen? Damit will ich dies nicht als schlecht bewerten! Genauso wie es nötig ist, den Körper nicht unnötig zu schädigen, ist es auch nützlich, sich geistig positiv zu verhalten.

Aber – die Seele verlangt vielleicht doch auch nach Erfahrungen von Versagen, Verlieren, Demütigung und Ähnlichem. Dies kann sogar zur Vision gehören, wenn damit ein Ziel erreicht wird. Als Beispiel kann euch Jesus Christus dienen. Solche negativen Erfahrungen können aber auch eine Hilfe sein, um euch eurer Vision näher zu bringen, wenn ihr euch davon entfernt oder sie ganz aus den Augen verloren habt.

Unsere Lebensvision ist uns ja wohl normalerweise nicht bewusst.

Nein. Deshalb ist es ja so, dass ihr Hilfen bekommt, wenn ihr euch zu weit davon entfernt. Die effektivsten Hilfen sind immer die Schicksalsschläge. Dabei fängt das ganz leise an, wie ein Kratzen an der Tür, und erst wenn ihr diese leisen Zeichen übersehen habt, klopft es vernehmlich und letztlich unüberhörbar an eure Tür; wenn die Tür zusammenbricht und ihr immer noch nichts ändert, bricht unter Umständen eben das Haus zusammen. Euer ganzes Lebensgebäude erweist sich dann als Luftschloss.

Das geschieht, wenn, astrologisch gesprochen, das Geburtsbild verleugnet wird, nicht wahr? Dann machen sich die Planeten des Schicksals bemerkbar, Neptun, Uranus und Saturn. Sie wirken ja nur zerstörerisch, wenn etwas nicht in Ordnung ist und korrigiert werden muss – im eigenen Interesse, das heißt im Interesse der Seele, aber natürlich gegen den Widerstand des Egos.

Ebenso ist es. Also: Es gibt für jeden Menschen eine Vision seiner Seele. Und alles, was er braucht, um sie zu erfüllen, hat der Mensch in sich oder findet es in seinem Umfeld. Dazu gehören seine Eltern und Geschwister, auch seine Freunde und Partner, Kinder und Kollegen, denen er im Lauf seines Lebens begegnet.

Die Dramen, die er, wie jeder Mensch, zu bewältigen hat, sind, wenn sie denn bewältigt werden, Stufen auf dem Weg zur Erfüllung seiner Vision.

Jede Vision ist so beschaffen, dass sie nur durch die eigene Kraft nicht zu erfüllen ist. Wie im Märchen die wichtigen Aufgaben nicht so ohne weiteres zu erfüllen sind. Dazu braucht es, wie wir schon besprochen haben, ein offenes Herz, Gott- und Selbstvertrauen. Dann, und nur dann, greifen hilfreiche Wesen aus anderen Dimensionen ein und helfen euch weiter. Das ist so sicher wie das Amen in der Kirche. Und noch etwas: Jede Vision eines Einzelnen ist immer auch eine Vision für die Menschheit.

Wie meinst du das?

Die Lebensvision eines Individuums ist eingebettet in die Vision eines Gemeinwesens. Nicht direkt in die Vision der irdischen Gemeinschaft, sondern in die einer Gruppe von Seelen, die gemeinsam Erfahrungen machen und Visionen verwirklichen wollen. Innerhalb dieser Gesamtvision einer Gruppe erfüllt jeder seinen individuellen Teil. Und jede Gruppe ist wieder Teil einer größeren Gruppe, und so weiter in immer größere Dimensionen.

Das ist wie ein sehr kompliziertes Räderwerk, aber viel komplizierter als jede Maschine, denn das Ganze lebt! Dabei ist es viel einfacher als eine Maschine, weil der Ausfall des einen Teils von den anderen Gruppenmitgliedern aufgefangen werden kann. Es ist wie im menschlichen Körper. Zellen arbeiten zusammen, um bestimmte Funktionen zu ermöglichen, Organe zu bilden, den Körper zu bilden und letztlich Leben möglich zu machen. Leben mit allen seinen wunderbaren Möglichkeiten und Unwägbarkeiten. Dabei lebt jede Zelle selbst und enthält alle Informationen über den ganzen Körper (sogar auch über seine Bestimmung!).

So ist es bei dir, bei jedem Menschen. Er funktioniert nicht nur, sondern er lebt und hat eine Vision, wie er selbst sein könnte. Und er hat auch im Unterbewusstsein die Vision, wie die kleinere Gemeinschaft, deren Teil er ist, sein könnte und wie jeweils die größeren Gemeinschaften sein könnten bis hin zur Vision der Menschheit, und da hört es nicht auf: bis hin zur „Vision Gottes"!

Die Verwirklichung der eigenen Vision beinhaltet schon teilweise die Verwirklichung der Gruppenvision. Darüber hinaus beeinflusst sie das Energieniveau insgesamt, sodass mehr Energie zur Verfügung steht, um die große Vision zu erfüllen, auf der dann die nächstgrößere Vision aufbauen kann.

Erklärt das, wieso ein Mensch, der seine Visionen lebt, also sich selbst verwirklicht, kein Egoist ist, sondern ein Segen für die Gemeinschaft? Obwohl es rein äußerlich gar nicht so scheint?

Ein Segen, ja! Und es erklärt auch, wieso die Fortschritte weniger Einzelner ausreichen, um die Gesamtheit voranzubringen.

Die schöpferische Energie

Aber wie war das nun mit der Energie?

Das Wort „Energie“ ist eigentlich nicht wirklich aussagekräftig. Das, was ihr damit assoziiert, ist nur die Spitze des Eisbergs. Das Wort „Chi“ (oder Qi), das die Chinesen verwenden, wäre für das Prinzip zutreffender.

Warum bleiben wir dann nicht bei dem Wort „Chi“?

Weil dann vielleicht irgendein Philologe kommt und dir nachweist, dass das Konzept von Chi in der chinesischen Kultur anders gemeint ist. Bleiben wir bei dem Wort „Energie“, einverstanden?

Natürlich. Wie wäre es mit „Lebenskraft“?

Nicht umfassend genug. Also: Energie. Wir müssen uns jedoch, damit das klar wird, von der gängigen Vorstellung von Energie etwas befreien. Normalerweise denken wir in Kategorien der Wahrnehmung. Die Sonne hat Energie, der Mensch hat Energie, Energie steckt in Wärmequellen, Lichtquellen usw. Hier können wir Energie wahrnehmen, weil sie sich direkt in Form von Bewegung, Licht oder Wärme zu erkennen gibt.

Energie steckt aber in jedem Bereich des Universums, sogar in jedem Atom ist Energie notwendig, um es aufrecht zu erhalten. Alles ist Energie, könnte man sagen. Auch ein Stein ist voller Energie. Für euch ist das nur in der Regel nicht wahrnehmbar. Euer Konzept von Energie bezieht sich nur auf grobe Energie, die feineren Aspekte bleiben außen vor, außer für manche modernen Physiker.

Darüber hinaus gehört zu eurem Konzept von Energie, dass sie eine Mangelware ist. Sie wird irgendwie erzeugt, dann abgegeben oder ausgetauscht und ist irgendwann verbraucht. Der Gedanke an Energie ist bei euch mit der Vorstellung von Energieverlust verbunden. Wenn du etwas tust, was dich Energie kostet, dann hast du irgendwann keine Energie mehr und musst wieder nachtanken.

Ja, natürlich. Das ist schließlich unsere Erfahrung im täglichen Leben.

Und wo tankst du auf?

Wie meinst du das? Jedenfalls nicht an der Tankstelle!

Woher kommt denn deine neue Energie, wenn du auftankst?

Nun ja, es reicht aus, dass ich nichts oder wenig tue, um wieder mehr Energie zu erlangen.

Also bitte, woher kommt die Energie?

Sie scheint einfach da zu sein.

Gut, und was macht sie?

Worauf willst du hinaus?

Sie fließt!

Das ist doch klar!

Und in welche Richtung fließt sie?

Das kommt darauf an. Wohl von Bereichen höherer Energie zu Bereichen niedrigerer Energie.

Ja und nein! Der wichtigste Energiefluss ist der von der Quelle aller Energie in die Materie. Es ist die Energie, die notwendig ist, um Manifestationen aus dem Unmanifesten entstehen zu lassen. Die Quelle aller Energie ist unmanifest. Sie enthält als Potenzial alles, alle Formen, alle Ideen, alles Leben und alle Energie, die nötig ist, um alles entstehen zu lassen.

Man kann also sagen: Alle Energie entspringt Gott. Sie durchläuft alle Ebenen und Dimensionen des Lebens und wird dabei konkreter, aber schwächer. Auf eure Verhältnisse bezogen kann man sagen, dass geistige Energie nicht konkret fassbar, aber wesentlich wirksamer ist als körperliche Energie. Das ist leicht zu verstehen, nicht wahr?

Ja, sicher.

Unabhängig von den Inhalten kann man sagen, dass der Energiefluss von Gott in die Materie dort unterbrochen oder eingeschränkt ist, wo der Mensch ein Problem hat.

Was meinst du damit?

Stell dir Gott als Lichtquelle vor. Die Strahlen treffen in einem Raum überallhin, aber es gibt vielleicht an der Wand oder auf dem Boden Unebenheiten oder Verschmutzungen. An diesen Stellen wird das Licht nicht so klar reflektiert. Das sind die Problemstellen.

Du meinst, dass an manchen Stellen eine Reinigung notwendig ist.

Ja und nein. Aus menschlicher Sicht ja. Aber man sollte das Bild nicht zu weit treiben. In Wahrheit ist alles Licht, aber in unterschiedlicher Qualität und Intensität.

Das hört sich wie eine Bewertung an. „Das Licht in mir hat eine bessere Qualität als das Licht in dir!“

Um im Bild zu bleiben, die Frequenz bzw. die Frequenzverteilung ist anders. Also keine Bewertung in Bezug auf die Qualität. Und selbst ihr Menschen liebt es in euren Wohnungen nicht, jede Ecke absolut ausgeleuchtet zu haben. Manchmal habt ihr gern etwas Schatten und milderes Licht. Also auch bezüglich der Intensität keine Bewertung, wenn ihr sie nicht selbst vornehmen wollt. Stell dir vor, in dir ist Gott als unsichtbare Quelle deines Seins. Seine Energie manifestiert sich in dir geistig seelisch und materiell, also körperlich.

Ja, das kann ich mir vorstellen.

Die geistige Manifestation, also deine geistige Struktur, ist so beschaffen, dass gewisse Erlebnisse notwendig sind, um sie klarzustellen. Oder, anders ausgedrückt, um vollkommen zu werden. Es sind sozusagen Aufgaben eingebaut. Man könnte sagen Bereiche, die erst durchleuchtet werden, wenn vorher gewisse Erfahrungen gemacht wurden. Denn erst dann kannst du sie als Bestandteil deiner selbst annehmen, und das, und *nur* das, ist die Voraussetzung für die vollständige „Erleuchtung".

Wenn du dem Fluss deiner Seele folgst, fließt die Energie in dir frei. Sie pulsiert, wie Ebbe und Flut, aber sie fließt. Nun nehmen wir einmal an, du wirst mit einem deiner Probleme konfrontiert, du durchlebst eines deiner Lebensdramen. Dann kannst du zweierlei tun. Du kannst versuchen, ihm auszuweichen. Damit drosselst du den Energiefluss in diesem Bereich. Als Ausgleich erhöhst du deine Energie in anderen Bereichen.

Du meinst, ich kompensiere das Verdrängte!

Ich kenne mich in eurer psychologischen Terminologie nicht aus, und das ist auch nicht notwendig. Was ich meine, ist: Je mehr du etwas meidest, umso stärker lenkst du dich selbst mit heftiger Aktivität von diesem Bereich ab.

Heißt das, dass Menschen mit starker Aktivität Verdränger sind?

Wenn sie sehr getrieben wirken und fanatisch sind, unbedingt! Workaholics sind Verdränger. Menschen, die ständig auf der Suche nach Dingen, die getan werden müssen, mit aufgekrempelten Ärmeln durch die Welt laufen, ja! Menschen, die ständig expandieren müssen (auch geistig!), ja! Aber Vorsicht! Menschen, die ganz in sich ruhen und aus klarer innerer Gewissheit ihren Weg gehen, unerschütterlich, sind zwar keine Verdränger. Doch auch sie sind unter Umständen sehr aktiv und sehr zielgerichtet. Trotzdem kann dein Empfinden sie leicht von den Verdrängern unterscheiden.

Und was geschieht, wenn ich mein Lebensdrama annehme?

Dann bedeutet das, dass du in diesem Lebensbereich die göttliche Energie zulässt. Wenn du die Energie fließen lässt, löst du das Problem, oder richtiger gesagt, *es löst sich.* Erinnere dich, dass du deine Lebensdramen nicht unter eigener Kontrolle lösen kannst! Wenn das Problem gelöst ist, erhöht sich in diesem Bereich die Energie.

Energie-Ebenen

Und jetzt müssen wir über Energie-Ebenen sprechen.

Gern!

Was stellst du dir darunter vor?

Ich denke, die Energie auf feineren Ebenen hat eine andere Qualität als die Energie auf gröberen Ebenen.

Ja. Ja! Sie hat vor allem eine größere Wirkung. Sie zieht weitere Kreise. Je feiner die Energie, desto umfassender wird die Wirkung eines jeden Impulses. Und dann geschieht Folgendes: Mit jedem gelösten Problem hebt sich die Energie dieses Lebensbereichs auf eine feinere, man kann auch sagen höhere Ebene. Ich versuche, es dir zu verdeutlichen.

Stell dir eine Lichtquelle vor und darüber viele Schichten mit nur teilweise lichtdurchlässigem Material. Du siehst nun nicht das Licht, sondern durch diesen zusammengesetzten Schirm nur einen mehr oder weniger klaren Lichtschein. Wenn du nun an einer Stelle die oberste Schicht entfernst, wird der Lichtschein ein wenig stärker. Dadurch treten Muster oder Verunreinigungen auf den Schirmebenen deutlicher zutage. Nun arbeitest du so lange an diesem Schirm, bis du das Licht klar siehst. Ich überlasse es dir, ob du es vorziehst, dir den Vorgang als Reinigung oder als Beseitigung des Schirms vorzustellen. So oder so, irgendwann siehst du das Licht klar.

Vielleicht noch etwas genauer: Man müsste sich vorstellen, dass die Schichten, die dem Licht näher liegen, zunehmend weniger individuell sind. Das heißt, dass diese Schichten nicht nur für dich, sondern für viele oder sogar für alle Menschen existieren. Wird eine solche Schicht gereinigt (oder beseitigt), dann bekommen viele (oder alle) Menschen mehr Licht, selbst wenn sie an den äußeren, individuellen Schichten noch gar nicht weit gekommen sind. Und je stärker das Licht durchscheint, desto stärker wird der Wunsch, es zu sehen.

Das ist ein phantastisches Bild, das ist mir völlig neu! Und es verwirrt mich etwas, denn ich dachte immer, dass du auf die in mir gespeicherten Bilder zurückgreifst.

Auf deinen feineren Ebenen und auf den feineren Ebenen aller Lebewesen ist mehr gespeichert als du denkst. Wenn deine groben Ebenen transparent genug sind, kann mehr durch dich fließen. Informationen werden frei, die Eigentum der Menschheit und keinem Einzelnen zuzuordnen sind. Doch nicht nur Informationen werden frei – auch Energien werden frei, feinere Energien, die deinen Wirkungsgrad erhöhen. Damit wird dein Tun automatisch für die Menschheit bedeutend. Jeder feine Impuls wirkt überpersönlich, und wenn du für feinere Energien durchlässig bist, dann ist jeder der von dir ausgehenden Impulse ein feiner Impuls.

Selbstverwirklichung

Ich glaube, ich verstehe das. Wenn ich noch einmal zusammenfassen darf: Je weiter mein Lebensweg geht, desto mehr erinnere ich mich an meinen göttlichen Ursprung, und dann beginne ich, mit Gottes Hilfe, mit deiner Hilfe, mich selbst anzunehmen, anzunehmen, was aus meinem Unterbewusstsein aufsteigt, und schließlich anzunehmen, was mir als Geschick aus dem Unbewussten zufließt.

Du hast es erfasst. Dein Unbewusstes ist mit dem „großen" allgemeinen Unbewussten verbunden, und du bist über dein Unbewusstes mit allen Wesen verbunden. Was du auf diesen Ebenen für dich löst, das löst du für alle. Dass wir uns da nicht missverstehen: Jeder Einzelne bleibt für die Lösung seiner Probleme selbst verantwortlich, er muss sich selbst darum kümmern!

Das verstehe ich jetzt nicht. Ich dachte ...

Was du gelöst hast, das hat auf der entsprechenden Ebene zu einer Anhebung der Energie geführt. Immer, wenn du dann die Freiheit ausagierst, die du durch die Lösung dieses Problems gewonnen hast, gibst du auf der betreffenden Ebene, in diesem Bereich Impulse ab, die in jedem Menschen wirken, wenn diese Ebene allgemein und nicht nur individuell ist. Solche Impulse wirken sogar auf die gesamte Natur, quer durch die Dimensionen. Sie sind Energieimpulse, und sie transportieren Inhalte: das Wissen um die Lösung des entsprechenden Problems. Es ist wie bei einem Zaubertrick. Wenn du weißt, wie es geht, kannst du ihn auch durchführen, wenn nicht, ist es schwer oder sogar unmöglich.

Der Impuls sagt dir, *dass* es geht, *wie* es geht, und er ermutigt und ermuntert dich, es auch zu tun. Wenn du es aber nicht tun willst, dann lässt du es eben sein. Es ist sogar möglich, dass du dich in deiner Ruhe gestört fühlst, wenn du den Impuls verspürst. Und das ist dein gutes Recht! Im Gegensatz zum eben erwähnten Zaubertrick geht es hier aber um Probleme, die im Interesse der Seele angegangen werden sollten, weil ihre Lösung für die Erfüllung deiner Lebensvision nötig ist.

Was da gegensteuert, ist das Ego. Es versucht, alle Lösungsimpulse zu ignorieren, zu verdrängen oder den Impulsgeber zu beseitigen. Dies alles gelingt nur für eine begrenzte Zeit, denn die Energie der feineren Ebenen ist wie das Wasser, das auf Dauer den härtesten Stein abschleift oder aushöhlt. Es ist also durchaus möglich, dass der Impulsgeber bereits gestorben ist (unter Umständen sogar von in ihrer Ruhe gestörten Egos „beseitigt" wurde), wenn seine Impulse auf der Oberfläche Wirkung zeigen.

Du meinst wie bei vielen Philosophen und Künstlern, die erst nach ihrem Tod erkannt und anerkannt wurden?

Genau. Die Wirkung ihrer Handlungen ist sofort da, wird aber nicht unbedingt gleich sichtbar, weil sie sich, bildlich gesprochen, in jedem Wesen erst von den feineren Ebenen in die groben Ebenen durchkämpfen muss, wo sie dann wahrgenommen wird. Und ein Kampf ist das häufig, den jeder Einzelne für sich unbewusst durchlebt, allerdings mit starker Unterstützung durch die Energie, die frei geworden ist, und durch das „Wissen", wie die Lösung aussieht. Dieses Wissen ist zunächst natürlich nicht bewusst, frühestens dann, wenn die Lösung erfolgt ist. Aber man bekommt auch vorher schon eine Menge Hinweise auf die Lösung, wenn man Ohren hat zu hören und Augen hat zu sehen.

Was für Hinweise meinst du?

Märchen oder Mythologien, Sagen, Legenden, die Heiligen Schriften vor allem, wenngleich deren Interpretation durch die jeweiligen Priesterkasten das Verständnis teilweise erschwert.

Die griechischen Tragödien in Athen wurden aus religiösen Gründen aufgeführt. Es sollte dadurch eine Reinigung, die so genannte Katharsis, erfolgen.

Vergleichbares gab es in allen Kulturen der Welt. Ihr seid die einzige Zivilisation, die ihre Mythen hat schänden lassen durch eure eigene „Priesterkaste", die Wissenschaftler. Sie haben an die Stelle der Mythen, die euch bei der Bewältigung eurer Probleme halfen und die euch bei der Verfolgung eurer Lebensvision unterstützten, ihre eigenen Erklärungsmodelle gesetzt. Diese helfen euch eigentlich überhaupt nicht (jedenfalls nicht unmittelbar – letztlich „hilft euch alles weiter"), nur dem Ego, indem sie ihm einen Anschein von Sicherheit vorspiegeln. Sie hoffen, alles beseitigen zu können, was das Ego infrage stellt, und begreifen nicht, dass euer Heil ja gerade davon abhängt, dass ihr euer Ego infrage stellt. Deshalb sind auch die Versuche mancher Esoteriker, die Wissenschaft für sich zu vereinnahmen, in Wahrheit Anzeichen dafür, dass sie selbst von der Wissenschaft zugunsten ihres Egos vereinnahmt worden sind.

Heißt das, dass wir deiner Meinung nach alle Errungenschaften der Neuzeit aufgeben sollten, wenn wir uns verwirklichen wollen?

Nein. Sie sollten nur den ihnen gemäßen Platz einnehmen und nicht versuchen, von seelischen, geistigen und spirituellen Erfahrungen abzulenken oder sie zu überlagern ...

Wir wollen zum Abschluss dieses unseres Gesprächs noch einmal die Ergebnisse zusammenfassen. Ist dir das recht?

Natürlich. Muss ich *das tun?*

Schreiben ja, formulieren werde ich es selbst. Viele Fragen werden ...en bleiben, aber dir bleibt noch eine Menge Lebenszeit, um sie zu beantworten. Also noch einmal, im Schnelldurchlauf.

Die Seele entscheidet sich dafür, bestimmte Erlebnisse zu haben. Um dies zu ermöglichen, entschließt sie sich dazu, auf der Erde zu inkarnieren. Sie bettet diese gewünschten Erlebnisse in eine Lebensvision ein. Diese Lebensvision beinhaltet die optimale Erlebnistiefe und den optimalen Fortschritt, was die Erinnerung an den göttlichen Ursprung der Seele bzw. des Menschen angeht. Dazu gehören Lebensdramen, die erlöst werden können, aber nicht müssen. In dem Maße, wie sie gelöst werden, entfaltet sich die Lebensvision.

Die Seele sucht sich (= schafft sich) eine optimale Situation auf der Erde, in die hinein sie inkarniert. Dies beinhaltet Raum und Zeit, Eltern und andere Menschen, die im Gesamtdrama eine Rolle spielen. Im Prozess der Inkarnation vergisst die Seele alles, was sie wusste, einschließlich ihrer Lebensvision. Im Unbewussten liegen aber alle Möglichkeiten, die mit der Lebensvision verbunden sind. Sie werden durch die Dramen aktiviert, die der Mensch erlebt. Diese Dramen sind damit Katalysatoren, die dafür sorgen, dass die Menschen sich ihren Lebensvisionen annähern.

Unsere Lebensvisionen ziehen uns an, wir empfinden Freude, wenn wir sie ausleben. Wir müssen uns also nicht dazu zwingen. Das Ausleben der Lebensvision ist gleichbedeutend mit dem Erschaffen der Lebensvision. Die Vision ist nämlich zuerst nur ein Konzept, das durch unser Leben greifbar wird und damit erfahren werden kann. Nur so ist Wachstum möglich. Das persönliche Wachstum ist immer auch das Wachstum der Menschheit, der Schöpfung und letztlich Gottes.

Gott in seinem manifesten Aspekt wächst unentwegt, ein Spiel, das niemals endet. Jeder Mensch spielt mit, ob er will oder nicht. Seine Existenz an sich ist dafür verantwortlich. Es gibt kein Ziel dieses Spiels, wenn man nicht die Ausweitung der Erfahrung so definieren will. Für euch Menschen gilt also einfach, zu sein und mitzuspielen. Etwas anderes erwartet niemand von euch, und das heißt, von euch wird nichts erwartet, was ihr nicht selbst von euch erhofft.

Demut und Dankbarkeit

Ich habe immer geglaubt, es müsste einen Sinn haben, dass ich hier bin, irgendetwas, das ich erreichen müsste, damit ich am Ende meines Lebens sagen kann: Dieses und jenes Sinnvolle habe ich getan. Manche Menschen zerbrechen, glaube ich, unter der Last ihrer Sinnsuche. Sie denken, dass es wohl nicht der Sinn ihres Lebens sein kann, zum Beispiel Unterwäsche zu verkaufen oder Schreibarbeiten zu erledigen. Du meinst, diese Menschen gehen von falschen Voraussetzungen aus?

Aus meiner Sicht gewiss! Niemand muss etwas beweisen, etwas Besonderes leisten, einen wichtigen Beitrag für die Gesellschaft etwa, oder einen geistigen Fortschritt. Natürlich ist es nicht so, dass es für euch normal ist, einfach so vor sich hin zu vegetieren. Wenngleich es Zeiten gibt, in denen nicht mehr zu tun ist als zu essen, zu trinken und zu schlafen, bzw. dafür zu sorgen, dass dies möglich ist. Ein wesentlicher Faktor für euer Wohlbefinden ist Demut, ein weiterer Dankbarkeit.

Ich habe schon öfter über Demut nachgedacht, vor allem, wenn ich mich für etwas Besonderes hielt und prompt zurechtgewiesen wurde. Das ist leider doch recht häufig passiert. Aber wem gegenüber soll ich demütig sein? Dir?

Dir selbst gegenüber! Akzeptiere dein Sosein, ohne Wenn und Aber! Das ist dir nicht genug? Dann ist das dein Hochmut! Die Seele hat sich gewünscht, dass du so, genau so, wirst, und das ist dir nicht genug? Dann weißt du, wo deine Demut ansetzen kann.

Du weißt, dass mich das nervt, wenn ich so vor mich hin lebe und nichts passiert.

Du wirst dann mit deinen „Macken“ stärker konfrontiert, nicht wahr?

Ja, genau! Ich fühle mich dann so unzulänglich, meinen eigenen Vorstellungen nicht gemäß.

Deine Vorstellungen, alle Vorstellungen sind prinzipiell Fremdbesetzungen. Lass sie los, denn du nimmst sie nur deswegen an, weil du Angst vor deinen eigenen Empfindungen hast. Nur indem du sie loslässt, kannst du frei werden für den Lockruf deiner Seele, der dich zu deinen Lebensvisionen zieht. Es sind die Visionen deiner Seele, die dein Glück ausmachen, nicht die „Visionen" deines Egos. Wir haben darüber schon gesprochen.

Dies gilt natürlich nicht nur für dich, sondern für jeden Menschen. Nur der Hochmütige erwartet viel von sich. Der Demütige nimmt sich an, wie er ist. Und er lebt und erschafft eine Welt und siehe, auch sie ist gut!

Demut ist also nicht Zurückstecken, sich anpassen ans bürgerliche Leben? Ich glaube manchmal, mein Hauptproblem ist der Hochmut, der mich dazu verleitet, nicht bürgerlich leben zu wollen. Warum kann ich nicht zufrieden sein, indem ich täglich in eine Firma gehe und dort irgendeine Arbeit verrichte? Es ist ja an sich nicht schlecht, seinen Lebensunterhalt zu verdienen!

Du leistest dir den Luxus, deinen Neigungen zu folgen. Aber schau genau hin: Bist du deshalb hochmütig? Manchmal ja, aber prinzipiell nein! Du bist schließlich bereit, dafür Einbußen an Geld, Status und Prestige in Kauf zu nehmen. War Renoir hochmütig? War Mozart hochmütig? Vielleicht in der Vorstellung derjenigen, die bürgerlichen Berufen nachgingen oder nachgehen, aber nicht in ihrer Geisteshaltung.

Vorsicht ist immer da geboten, wo du etwas oder jemanden bewertest. Ist ein bürgerlicher Mensch schlechter als du? Nein! Also Vorsicht vor Bewertungen: Sie sind für dich von Übel, sie schränken dein kreatives Potenzial ein, weil sie dich geistig binden. Wenn du dich frei von Bewertungen hältst, dann ist alles möglich. Wenn du jemanden bewertest, legst du ihn und dich selbst auf Rollen fest.

Demut heißt eigentlich, auf Wertungen zu verzichten. Du schreibst gerade diesen Text auf. Ist das gut, ist das schlecht? Das spielt keine Rolle! Wenn du anfängst, darüber nachzudenken, dein Tun und das Produkt deines Tuns zu bewerten, dann beschneidest du deine Kreativität.

Ja, so eine Phase habe ich gerade hinter mir. Aber die Kritik kam von außen, von einer Freundin!

Keine Kritik von außen kann dich treffen, wenn du sie nicht teilst! Du hast also erlebt, was eine negative Bewertung deiner Arbeit, *deine eigene Bewertung*, anrichtet: das Versiegen des Flusses. Eine positive Bewertung hat einen ähnlichen Effekt!

Das verstehe ich nicht! Sie ermuntert mich doch, weiterzumachen!

Sie legt dich aber auch fest! Wer weiß, ob es für dich angemessen ist, weiterzumachen? Vielleicht wäre einmal etwas Neues an der Reihe! Oder eine neue Art, an die bisherige Tätigkeit heranzugehen!

Jeder Mensch lernt früher oder später, dass er sich selbst nicht bewerten kann, weil ihm die Kriterien dazu fehlen. Sie müssen logischerweise fehlen, weil sie im Inneren nicht vorhanden sind; die Seele liefert keine Kriterien, Gott auch nicht. Kriterien, nach denen man sich selbst bewertet, können nur von außen kommen und sind deshalb zwangsläufig nicht angemessen.

Also, wenn du faul auf dem Sofa liegst und zu nichts Lust hast, nach welchen Kriterien willst du das bewerten? Du selbst hast keine in dir, also lass alles zu und halte deine eigene „Nutzlosigkeit“ aus. Das ist Demut, dir selbst gegenüber!

Ich sehe das vollkommen ein. Es umzusetzen ist aber schwieriger. Wenn ich abends ins Bett gehe, finde ich es gut, wenn ich auf einen schöpferischen Tag zurückblicken kann.

Du kennst dich nicht so gut wie du glaubst.

Ja, sicher, es gibt auch Tage, an denen ich nichts geschafft habe, an denen ich aber trotzdem zufrieden war.

Aber du schaffst doch sowieso jederzeit dich selbst und deine Welt! Es gibt also gar keine Tage, an denen du nicht schöpferisch bist!
Du meinst allerdings etwas Produktives tun, nicht wahr?

Ja. Zum Beispiel etwas schreiben. Oder etwas im Garten oder im Haus verändern; eine neue Entscheidung treffen; ein wichtiges Gespräch führen und so weiter.

Dies sind offensichtlich kreative Tage. Die Flut kommt, und man sieht es! Aber ist das Meer nicht auch im Fluss, wenn Ebbe ist?

Das schon! Aber ist es dann auch zufrieden?

Ja, in dem Maße, wie es zufrieden sein kann. Denn während an dem einen Ufer Ebbe ist, ist an einem anderen Ufer Flut. Es gleicht sich aus. Ebenso beim Menschen: Expansion im Geistigen kann Stillstand im Materiellen bedeuten und umgekehrt. Aber entscheidend ist dein Empfinden, deine Seele lebt nur aus deinem Empfinden. Was immer du auch tust, was immer mit dir geschieht, wenn du deinem Empfinden folgst, fühlst du dich wohl. Und es kann auch völlig „unschöpferisch" sein, was du dann tust.

Ich erinnere mich in der Tat an solche Tage. Aber meistens empfinde ich schon einen Druck, etwas Produktives tun zu müssen.

Es ist ja auch für jeden Menschen wunderbar, etwas hervorzubringen! Frage dich einmal selbst, zieht es dich an, schöpferisch tätig zu sein, oder empfindest du es als Druck, als Last oder Bürde gar?

Im Augenblick zieht es mich an, aber manchmal empfinde ich es auch als Druck.

Wenn es ein Druck ist, dann bist du nicht wirklich schöpferisch, sondern du bist nur produktiv. Aber auch das ist manchmal nützlich, um ein Werk zu Ende zu bringen. Also, sei demütig, sei gnädig dir selbst gegenüber. Lass die Ebbe zu, lass den Stau zu und glaube nicht, dir könnte so etwas nicht passieren, du seist immer im Hoch! So läuft das Leben nicht.

Du glaubst nicht, wie dankbar ich dir für diese Worte bin, für dieses ganze Buch, für mein Leben überhaupt!

Dankbarkeit ist das Wichtigste im Leben. Wer dankbar ist, hat den Schlüssel zum Leben in seinen Händen. Und dies ist der geeignete Augenblick für uns, unseren Dialog zum Abschluss zu bringen.

Mit Demut und Dankbarkeit! Ja, ich glaube, ich habe deine Botschaft verstanden. Ich fange sogar an, sie in meinem Leben umzusetzen, zumindest in Ansätzen. Aber neben Demut und Dankbarkeit empfinde ich vor allem Wehmut! Wir haben dieses Gespräch in einer für mich sehr schwierigen Lebensphase geführt, und ich weiß gar nicht, wie ich ohne dich da durchgekommen wäre. Und das soll nun zu Ende sein?

Nichts ist je zu Ende, schon gar nicht unser Gespräch! Denn ich bin ein Teil von dir, oder richtiger gesagt, du bist ein Teil von mir, und wir sind untrennbar miteinander verbunden. Ich werde bei dir sein in allem, was du tust, und wer weiß, vielleicht schreiben wir ja noch ein Buch zusammen?

Ich kann dir gar nicht sagen, wie sehr ich mir das wünsche! Und ich finde auch nicht die passenden Worte, um meine Dankbarkeit dir gegenüber zum Ausdruck bringen zu können.

Ich danke dir jedenfalls, ich danke der Welt, die mich umgibt, ich danke den Menschen, die mich begleitet haben und noch begleiten, ich danke allen manifesten und unmanifesten Aspekten des SEINs!

Danke!

Über den Autor

Winfried Nolden hat sich, obwohl oder gerade weil er selbst Akademiker ist, einen kritischen Abstand zur modernen Wissenschaftsgläubigkeit erhalten.

Seit 30 Jahren beschäftigt er sich mit Philosophien und Religionen, Mythen und Märchen, Meditation und Astrologie.

Geprägt hat ihn aber vor allem das praktische Leben und Erleben, als Musiker, Handwerker, Dozent, Berater und, nicht zuletzt, als Familienvater.

Dr. Engelbert Winkler

Begegnung mit dem lebendigen Licht

Nahtod-Erfahrungen als Hilfe zum Leben

ISBN 3-89845-0007
240 Seiten · broschiert
DM 29,90 · D-€ 15,90

Nahtod-Erfahrung heißt Gottes-Erfahrung. – Der aus Funk und Fernsehen bekannte Nahtod-Forscher Engelbert J. Winkler gewann diese Erkenntnis im Laufe seiner langjährigen Untersuchungen. Bisher kehrten bereits Millionen Menschen noch einmal – meist sogar widerwillig – nach ihrem Beinahe-Tod in ihr irdisches, bisheriges Leben zurück. Die „Begegnung mit dem lebendigen Licht" am Ende des bekannten Tunnels veränderte in der Folge nachhaltig ihre Sicht der Welt und der Bedeutung ihres Lebens.
In kritischer Auseinandersetzung mit der kirchlichen Gottesvorstellung macht der Autor die Nahtod-Erfahrung als subversive Tendenz deutlich – auf der Grundlage der Erkenntnisse Wissender, statt Glaubender.

ISBN 3-931652-85-8
224 Seiten · broschiert
DM 24,90 · D-€ 12,90

Theo Fischer

Das Tao der Selbstfindung

Dieses Buch vom Autor des Bestsellers „Wu wei, die Lebenskunst des Tao" ist eine Lektion in Sachen Hinwendung zur Wirklichkeit. Wer den Mut aufbringt, sich dem objektiven Zustand seines Lebens ehrlich und rückhaltlos zu stellen, wird erleben, dass er damit den Kraftschluss herstellt, der jene Energien freisetzt, mit denen er seine Probleme lösen kann.

Über den Tod und das Leben danach
ISBN 3-923781-02-4
89 Seiten · broschiert
DM 19,80 · D-€ 11,90

ISBN 3-931652-10-6
112 Seiten · gebunden
DM 39,00 · D-€ 19,90

Elisabeth Kübler-Ross

Über den Tod und das Leben danach

Sonderausgabe

Der Innenteil dieser hochwertigen Leinenausgabe wurde durch 11 ganzseitige, farbige, meditative Illustrationen des Künstlers Peter Dorn ergänzt.
Das weltweit bekannte Buch mit seinen überzeugenden Beweisen für ein Leben nach dem Tod gilt mittlerweile als Klassiker zu diesem Thema.

ISBN 3-931 652-72-6
60 Seiten · gebunden
mit 8 Farbbildern
DM 26,90 · D-€ 14,90

Elisabeth Kübler-Ross

Warum wir hier sind

Mit Fotos von Ken Ross

Warum sind wir Menschen auf Erden? *Warum müssen wir immer wieder inkarnieren?* Warum vergessen wir eigentlich, woher wir gekommen sind? *Was sollen wir in dieser Erdenschule lernen?* Was können wir aus einer Partnerschaft lernen? *Wie kann man mit dem Jenseits in Kontakt kommen?* Wie bereiten wir uns auf ein erneutes Erdenleben vor? *Hat denn alles, was einem im Leben passiert, einen Sinn?* Haben wir uns eigentlich all das, was uns passiert, selbst schon vorher ausgesucht? *Auf all diese Fragen antwortet uns die große Lebensweise Elisabeth Kübler-Ross.*

ISBN 3-931652-59-9
216 Seiten · broschiert
mit Abbildungen
DM 29,90 · D-€ 15,90

Trutz Hardo

Reinkarnation aktuell

Kinder beweisen ihre Wiedergeburt

In diesem Buch wird berichtet, wie Kinder in überzeugender Weise über ihr vorausgegangenes Erdenleben erzählen und wie Wissenschaftler – allen voran Professor Ian Stevenson – diesen Berichten nachgehen, sie wissenschaftlich überprüfen und zu der Überzeugung kommen, dass die Angaben der Kinder richtig sind. Besonders sind solche Fälle überzeugend, in denen Kinder mit fehlenden Gliedern zur Welt kommen, jedoch genau beschreiben können, wo und wann sie diese in einem früheren Leben verloren hatten, wer ihre Eltern und Verwandten waren und wo sie gewohnt hatten. Die dann wissenschaftlich vorgenommenen Überprüfungen bestätigen genau diese Angaben.

ISBN 3-931652-79-3
160 Seiten · broschiert
DM 24,90 · D-€ 12,50

Albert Bodde

Karma & Reinkarnation

Auf der Suche nach
Liebe und Logik in der Schöpfung

Albert Bodde erläutert, welche Hilfe die »Gesetze« von Karma und Wiedergeburt für alle diejenigen leisten, die ihrem Schicksal gegenüber ratlos fragen: »Warum passiert das gerade mir?« oder »Gibt es überhaupt eine höhere Gerechtigkeit?« und: »Was kann das Leben denn für einen Sinn haben?« Der Autor widerlegt einleuchtend und mit stichhaltigen Argumenten die Behauptung, das Gesetz von Karma und Wiedergeburt lasse keinen Raum für die Liebe und die Gnade.

Das Gegenteil ist der Fall!

ISBN 3-931652-90-4
256 Seiten · broschiert
DM 29,90 · D-€ 15,90

Heinz Kuhberg

Die Zeichen mehren sich

Die logische Verbindung ungewöhnlicher Phänomene

Haben wir seit 1992 ein deutsches Lourdes? In dem kleinen scheinbar unscheinbaren Hochsauerlandort Nordenau bei Winterberg häufen sich in einem ehemaligen Stollen Heilungen unterschiedlichster Krankheiten auf spektakuläre Weise. Bis hin zu Krebs. Doch ist der Autor durch weitere Reisen und Recherchen auch im Ausland auf weitere atemberaubende Zusammenhänge gestoßen. Nordenau scheint ein kleines, aber wichtiges Stück in einem weltumspannenden Puzzle zu sein.

ISBN 3-923 781-92-X
370 Seiten · gebunden
DM 39,00 · D-€ 19,90

Phyllis Virtue-Carmel

Planet der Wandlung

Offenbarung des Rates der Neun

In diesem Buch geht es um die besondere Rolle, die der Planet Erde in unserem Universum spielt. Aus höchster Quelle erfahren wir, was wir tun können, um unser eigenes Leben und das anderer Menschen zu bereichern. In medialem Zustand trat Phyllis Virtue-Carmel in Kontakt mit dem Rat der Neun, einer Gruppe von Wesen aus dem Kosmos, die uns im Bewusstsein unendlich überlegen sind.